建筑施工特种作业人员培训教材

建筑施工现场场内沥青
混凝土摊铺机司机

建筑施工特种作业人员培训教材编委会　组织编写

中国建筑工业出版社

图书在版编目（CIP）数据

建筑施工现场场内沥青混凝土摊铺机司机/建筑施工特种作业人员培训教材编委会组织编写. —北京：中国建筑工业出版社，2019.10
建筑施工特种作业人员培训教材
ISBN 978-7-112-24276-4

Ⅰ.①建… Ⅱ.①建… Ⅲ.①建筑工程-施工现场-沥青摊铺机-技术培训-教材 Ⅳ.①U415.52

中国版本图书馆 CIP 数据核字（2019）第 217773 号

　　本书是建筑施工现场场内沥青混凝土摊铺机司机培训教材，书中详细介绍了建筑施工现场场内沥青混凝土摊铺机司机应掌握的基本知识与操作规范等内容，书中图文并茂，语言通俗易懂。本书分为两部分，共八章。第一部分为公共基础知识，包括职业道德、建筑施工特种作业人员和管理、建筑施工安全生产相关法规及管理制度、建筑施工安全防护基本知识、施工现场消防基本知识、施工现场应急救援基本知识；第二部分为专业基础知识，包括沥青混凝土摊铺机的结构与工作原理、沥青混凝土摊铺机操作规程与道路作业、沥青混凝土摊铺机的检查、保养与常见故障排除。本书可作为相关岗位人员培训教材，也可供相关专业技术人员参考。

　　责任编辑：葛又畅　李　明　李　杰
　　责任校对：赵　菲

建筑施工特种作业人员培训教材
建筑施工现场场内沥青混凝土摊铺机司机
建筑施工特种作业人员培训教材编委会　组织编写
*
中国建筑工业出版社出版、发行（北京海淀三里河路 9 号）
各地新华书店、建筑书店经销
北京红光制版公司制版
天津安泰印刷有限公司印刷
*
开本：850×1168 毫米　1/32　印张：3⅜　字数：90 千字
2019 年 10 月第一版　　2019 年 10 月第一次印刷
定价：**15.00** 元
ISBN 978-7-112-24276-4
（34707）

建筑施工特种作业人员
培训教材编委会

主　　任：高　峰

副 主 任：王宇旻　　陈海昌

委　　员：金　强　　朱利闽　　朱　青　　刘钦燕　　张丽娟

　　　　　陈晓苏　　马　记　　曹　俊　　杜景鸣　　查继明

　　　　　高海明　　周保建　　樊路军　　李朝蓬　　王尚龙

　　　　　张鹏程　　何红阳

本书编审委员会

主　　编：王尚龙

（本系列教材公共基础知识编写成员：金　强　　朱利闽

　朱　青　　刘　辉）

审　　稿：郁沁志

前　　言

　　《中华人民共和国安全生产法》规定："生产经营单位的特种作业人员必须按照国家有关规定经专门的安全作业培训，取得相应资格，方可上岗作业"。建筑施工特种作业人员是指在房屋建筑和市政工程施工活动中，从事可能对本人、他人及周围设备设施的安全造成重大危害作业的人员。作为建设行业高危工种之一，其从业直接关系建筑施工质量安全，直接关系公民生命、财产安全和公共安全。

　　为进一步紧贴建筑施工特种作业人员职业素质和适岗能力的实际需要，编写委员会组织编写了《建筑电工》《建筑架子工》《附着式升降脚手架架子工》《建筑起重信号司索工》等24个工种的系列教材。该套教材既是相关工种培训考核的指导用书，又是一线建筑施工特种作业人员的实用工具书。

　　本套教材在编写过程中，得到了江苏省相关专家和部门的大力支持，在此一并表示感谢！因编者水平有限，难免会存在疏漏和不足之处，真诚希望广大同行和读者给予批评指正。

编者

二〇一九年五月

目　　录

第一部分　公共基础知识

第一部分　公共基础知识

第一章　职业道德

第一节　道德的含义和基本内容

1. 道德的含义

道德是一种社会意识形态，是人们共同生活及其行为的准则与规范。

意识形态除了道德以外，还包括政治、法律、艺术、宗教、哲学和其他社会科学等意识形态，是对事物的理解、认知，对事物的感观思想，是观念、观点、概念、思想、价值观等要素的总和。如：对生命的认识和观点；对金钱物质的看法等。

道德往往代表着社会的正面价值取向，起到判断行为正当与否的作用。道德是以善恶为标准，通过社会舆论、内心信念和传统习惯来评价人的行为，调整人与人之间以及个人与社会之间相互关系的行动规范的总和。

2. 道德与法纪的关系

遵守道德是指按照社会道德规范行事，不做损害他人的事。遵守法纪是指遵守纪律和法律，按照规定行事，不违背纪律和法律的规定条文。法纪与道德既有区别也有联系，它们是两种重要的社会调控手段。

（1）法纪属于社会制度范畴，而道德属于社会意识形态范畴。道德侧重于自我约束，是行为主体"应当"的选择，依靠人们的内心信念、传统习惯和社会舆论发挥其作用，不具有强制力；而法纪则侧重于国家或组织的强制手段，是国家或组织制定和颁布，用以调整、约束和规范人们行为的权威性规则。

（2）遵守法纪是遵守道德的最低要求。道德一般又可分为两类：第一类是社会有序化要求的道德，是维系社会稳定所必不可少的最低限度的道德，如不得暴力伤害他人、不得用欺诈手段谋取利益、不得危害公共安全等；第二类是那些有助于提高生活质量、增进人与人之间紧密关系的原则，如博爱、无私、乐于助人、不损人利己等。第一类道德有时也会上升为法纪，通过制裁、处分或奖励的方法得以推行。而第二类道德是对人性较高要求的道德，一般不宜转化为法纪，需要通过教育、宣传和引导等手段来推行。法纪是道德的演化产物，其内容是道德范畴中最基本的要求，因此遵纪守法是遵守道德的最低要求。

（3）遵守道德是遵守法纪的坚强后盾。首先，法纪应包含最低限度的道德，没有道德基础的法纪，是无法获得人们的尊重和自觉遵守的。其次，道德对法纪的实施有保障作用，"徒善不足以为政，徒法不足以自行"，执法者职业道德的提高，守法者的法律意识、道德观念的加强，都对法纪的实施起着推动的作用。再者，道德又对法纪有补充作用，有些不宜由法纪调整的，或本应由法纪调整但因立法的滞后而尚"无法可依"的，道德约束往往就起到了必要的补充作用。

3. 公民道德的基本内容

公民道德主要包括社会公德、职业道德、家庭美德及个人品德四个方面。

（1）社会公德。公德是指与国家、组织、集体、民族、社会等有关的道德，社会公德是社会道德体系的社会层面，是维护社会公共生活正常进行的最基本的道德要求，是全体公民在社会交往和公共生活中应该遵循的行为准则，涵盖了人与人、人与社会、人与自然之间的关系。以文明礼貌、助人为乐、爱护公物、保护环境、遵纪守法为主要内容的社会公德，旨在鼓励人们在社会上做一个好公民。

（2）职业道德。职业道德是人们在职业生活中应当遵循的基本道德，是职业品德、职业纪律、专业能力及职业责任等的总称，它通过公约、守则等对职业生活中的某些方面加以规范。职业道德涵盖了从业人员与服务对象、职业与职工、职业与职业之间的关系；它既是对从业人员在职业活动中的行为要求，又是本行业对社会所承担的道德责任和义务。以爱岗敬业、诚实守信、办事公道、服务群众、奉献社会为主要内容的职业道德，旨在鼓励人们在工作中做一个好的建设者。

（3）家庭美德。家庭美德是调节家庭成员之间、邻里之间以及家庭与国家、社会、集体之间的行为准则，也是评价人们在恋爱、婚姻、家庭、邻里之间交往中的行为是非、善恶的标准。以尊老爱幼、男女平等、夫妻和睦、勤俭持家、邻里团结为主要内容的家庭美德，旨在鼓励人们在家庭生活里做一个好成员。

（4）个人品德。个人品德是一定社会的道德原则和规范在个人思想和行为中的体现，是一个人在其道德行为整体中所表现出来的比较稳定的、一贯的道德特点和倾向。个人品德是每个公民个人修养的体现，现代人应树立关爱、善待和宽厚的理念，对他人、对社会、对自然有关爱之心、善待之举和宽厚情怀。个人品德的内容包括很多，比如正直善良、谦虚谨慎、团结友爱、言行一致等。

社会公德、职业道德、家庭美德、个人品德这四个方面是一个有机的统一体，其外延由大到小，内涵由浅到深，共同构成一个完善的道德体系。在"四德"建设中，人的能动性及个人品德建设是至关重要的，个人品德的修养是树立道德意识、规范言行举止、建设和谐家庭、模范地做好工作、维护社会和谐的基础。只有个人具备优良品德修养才能由己及人，才能由己及家庭、集体和社会。正确处理个人与社会、竞争与协作、经济效益与社会效益等关系，树立尊重人、理解人、关心人的理念，发扬社会主义人道主义精神，提倡为人民为社会多做好事、体现社会主义制度优越性、促进社会主义市场经济健康有序发展的良好道德风尚。

党的十八大对未来我国道德建设也做出了重要部署。强调依法治国和以德治国相结合，加强社会公德、职业道德、家庭美德、个人品德教育，弘扬中华传统美德，倡导时代新风，指出了道德修养的"四位一体"性。十八大报告中"推进公民道德建设工程，弘扬真善美、贬斥假恶丑，引导人们自觉履行法定义务、社会责任、家庭责任，营造劳动光荣、创造伟大的社会氛围，培育知荣辱、讲正气、作奉献、促和谐的良好风尚"，强调了社会氛围和社会风尚对公民道德品质的塑造；"深入开展道德领域突出问题专项教育和治理，加强政务诚信、商务诚信、社会诚信和司法公信建设"，突出了"诚信"这个道德建设的核心。

第二节　职业道德的基本特征和主要作用

1. 职业道德的概念

职业道德是指所有从业人员在职业活动中应该遵循的行为准则，是一定职业范围内的特殊道德要求，即整个社会对从业人员的职业观念、职业态度、职业技能、职业纪律和职业作风等方面的行为标准和要求。

职业道德是随着社会分工的发展，并出现相对固定的职业集团时产生的，人们的职业生活实践是职业道德产生的基础。特定的职业不但要求人们具备特定的知识和技能，而且要求人们具备特定的道德观念、情感和品质。各种职业集团，为了维护职业利益和信誉，适应社会的需要，从而在职业实践中，根据一般社会道德的基本要求，逐渐形成了职业道德规范。

职业道德是对从事这个职业所有人员的普遍要求，它不仅是所有从业人员在其职业活动中行为的具体表现，同时也是本职业对社会所负的道德责任与义务，是社会公德在职业生活中的具体化。每个从业人员，不论是从事哪种职业，在职业活动中都要遵守职业道德，如现代中国社会中教师要遵守教书育人、为人师表的职业道德，医生要遵守救死扶伤的职业道德，企业经营者要遵守诚实守信、公平竞争、合法经营的职业道德等。

具体来讲，职业道德的概念主要包括以下八个方面：

（1）职业道德是一种职业规范，受社会普遍的认可。

（2）职业道德是长期以来自然形成的。

（3）职业道德没有确定的形式，通常体现为观念、习惯、信念等。

（4）职业道德依靠文化、内心信念和习惯，通过职工的自律来实现。

（5）职业道德大多没有实质的约束力和强制力。

（6）职业道德的主要内容是对职业人员义务的要求。

（7）职业道德标准多元化，代表了不同企业可能具有不同的价值观。

（8）职业道德承载着企业文化和凝聚力，影响深远。

2. 职业道德的基本特征

职业道德是从业人员在一定的职业活动中应遵循的、具有自身职业特征的道德要求和行为规范。职业道德具有以下几个特点：

（1）普遍性。从业者应当共同遵守基本职业道德行为规范，且在全世界的所有职业者都有着基本相同的职业道德规范。

（2）行业性。职业道德具有适用范围的有限性，每种职业都担负着一定的职业责任和职业义务，由于各种职业的职业责任和义务不同，从而形成各自特定的职业道德的具体规范。职业道德的内容与职业实践活动紧密相连，反映着特定职业活动对从业人员行为的道德要求。

（3）继承性。职业道德具有发展的历史继承性，由于职业具有不断发展和世代延续的特征，不仅其技术世代延续，其管理员工的方法、与服务对象打交道的方式，也有一定历史继承性。在长期实践过程中形成的职业道德内容，会被作为经验和传统继承下来，如"有教无类""学而不厌，诲人不倦"，从古至今都是教师的职业道德。

（4）实践性。一个从业者的职业道德知识、情感、意志、信念、觉悟、良心等都必须通过职业的实践活动，在自己的行为中表现出来，并且接受行业职业道德的评价和自我评价。

（5）多样性。职业道德表达形式多种多样，不同的行业和不同的职业，有不同的职业道德标准，且表现形式灵活。职业道德的表现形式总是从本职业的交流活动实际出发，采用诸如制度、守则、公约、承诺、誓言、条例等形式，以至标语口号之类来加以体现，既易于为从业人员所接受和实行，而且便于形成一种职业的道德习惯。

（6）自律性。从业者通过对职业道德的学习和实践，逐渐培养成较为稳固的职业道德品质，良好的职业道德形成以后，又会在工作中逐渐形成行为上的条件反射，自觉地选择有利于社会、有利于集体的行为，这种自觉就是通过自我内心职业道德意识、觉悟、信念、意志、良心的主观约束控制来实现的。

（7）他律性。道德行为具有受舆论影响的特征，在职业生涯中，从业人员随时都受到所从事职业领域的职业道德舆论的影响。实践证明，创造良好的职业道德社会氛围、职业环境，并通过职业道德舆论的宣传、监督，可以有效地促进人们自觉遵守职业道德，并实现互相监督，共同提升道德境界。

3. 职业道德的主要作用

在现代社会里，人人都是服务对象，人人又都为他人服务。社会对人的关心、社会的安宁和人们之间关系的和谐，是同各个岗位上的服务态度、服务质量密切相关的。在构建和谐社会的新形势下，大力加强社会主义职业道德建设，具有十分重要的作用。

（1）加强职业道德是提高职业人员责任心的重要途径

职业道德要求把个人理想同各行各业、各个单位的发展目标结合起来，同个人的岗位职责结合起来，以增强员工的职业观念、职业事业心和职业责任感。职业道德要求员工在本职工作中不怕艰苦，勤奋工作，既讲团结协作，又争个人贡献，既讲经济效益，又讲社会效益。加强职业道德要求紧密联系本行业本单位的实际，有针对性地解决存在的问题。

（2）加强职业道德是促进企业和谐发展的迫切要求

职业道德的基本职能是调节职能，一方面可以调节从业人员内部的关系，即运用职业道德规范约束职业内部人员的行为，促进职业内部人员的团结与合作，加强职业、行业内部人员的凝聚力；另一方面，职业道德又可以调节从业人员与服务对象之间的关系，用来塑造本职业从业人员的社会形象。

企业是具有社会性的经济组织，在企业内部存在着各种复杂的关系，这些关系既有相互协调的一面，也有矛盾冲突的一面，如果解决不好，将会影响企业的凝聚力。这就要求企业所有的员工具有较高的职业道德觉悟，从大局出发，光明磊落、相互谅解、相互宽容、相互信赖、同舟共济，而不能意气用事、互相拆台。企业内部上下级之间、部门之间、员工之间团结协作，使企业真正成为一个具有社会主义精神风貌的和谐集体。

（3）加强职业道德是提高企业竞争力的必要措施

当前市场竞争激烈，各行各业都讲经济效益，要求企业的经营者在竞争中不断开拓创新。但企业之间为了自身的利益，会产生很多新的矛盾，形成自我力量的抵消，使一些企业的经营者在竞争中单纯追求利润、产值，不求质量，或者以次充好、以假乱真，不顾社会效益，损害国家、人民和消费者的利益，企业得到的只能是短暂的收益，失去的是消费者的信任，也就失去了生存和发展的源泉，难以在竞争的激流中屹立不倒。在企业中加强职业道德使得企业在追求自身利润的同时，又能创造好的社会效益，从而提升企业形象，赢得持久而稳定的市场份额；同时，也使企业内部员工之间相互尊重、相互信任、相互合作，从而提高企业凝聚力，企业方能在竞争中稳步发展。

（4）加强职业道德是个人健康发展的基本保障

市场经济对于职业道德建设有其积极一面，也有消极的一面，它的自发性、自由性、注重经济效益的特性，导致一些人"一切向钱看"，唯利是图，不择手段追求经济效益，从而走入歧途，断送前程。提高从业人员的道德素质，树立职业理想，增强职业责任感，形成良好的职业行为，抵抗物欲诱惑，不被利欲所熏心，才能脚踏实地在本行业中追求进步。在社会主义市场经济条件下，只有具备职业道德精神的从业人员，才能在社会中站稳脚跟，成为社会的栋梁之材，在为社会创造效益的同时，也保障了自身的健康发展。

（5）加强职业道德提高全社会道德水平的重要手段

职业道德是整个社会道德的主要内容，它一方面涉及每个从业者如何对待职业，如何对待工作，同时也是一个从业人员的生活态度、价值观念的表现，是一个人的道德意识和道德行为发展到成熟阶段的体现，具有较强的稳定性和连续性。另一方面，职业道德也是一个职业集体甚至一个行业全体人员的行为表现，如果每个行业、每个职业集体都具备优良的道德，那么对整个社会道德水平的提高就会发挥重要作用。

第三节　建设行业职业道德建设

1. 加强职业道德建设，践行社会主义核心价值观

"国无德不兴，人无德不立。"习近平总书记指出："核心价值观，其实就是一种德，既是个人的德，也是一种大德，就是国家的德、社会的德。"因此，"必须加强全社会的思想道德建设，激发人们形成善良的道德意愿、道德情感，培育正确的道德判断和道德责任，提高道德实践能力尤其是自觉践行能力，引导人们向往和追求讲道德、遵道德、守道德的生活，形成向上的力量、向善的力量。"培育社会主义核心价值观，首先要培植一种有益于国家、社会、他人的道德。

党的十八大提出，倡导富强、民主、文明、和谐，倡导自由、平等、公正、法治，倡导爱国、敬业、诚信、友善，积极培

育和践行社会主义核心价值观。富强、民主、文明、和谐是国家层面的价值目标，自由、平等、公正、法治是社会层面的价值取向，爱国、敬业、诚信、友善是公民个人层面的价值准则，"富强、民主、文明、和谐；自由、平等、公正、法治；爱国、敬业、诚信、友善"，这24个字是社会主义核心价值观的基本内容。践行社会主义核心价值观对于道德建设具有重要的指导意义，而加强道德建设又对践行社会主义核心价值观发挥着基础性作用，二者互有联系，相辅相成。

建设行业是社会主义现代化建设中的一个十分重要的行业。工厂、住宅、学校、商店、医院、体育场馆、文化娱乐设施等的建设，都离不开建设行为，它以满足人民群众日益增长的物质文化生活需要为出发点。建设行业职业道德是社会主义核心价值观、社会主义道德规范在建设行业的具体体现。

2. 结合建设行业特点和现实，加强职业道德建设

（1）职业道德建设的行业特点

以建设行业为例，其所涉及专业多、岗位多、从业人员多且普遍文化程度较低、综合素质相对不高；条件艰苦，任务繁重，露天作业、高空作业，常年日晒雨淋，生产生活场所条件艰苦，安全设施落后和不足，作业存在安全隐患，安全事故频发；施工涉及面大，人员流动性强，四海为家，四处奔波，难以接受长期定点的培训教育；工种之间联系紧密，各专业、各工种、各岗位前后延续共同完成工程的建设；具有较强的社会性，一座建筑物，凝聚了多方面的努力，体现了其社会价值和经济价值。同时，随着国民经济的发展，建筑行业的地位和作用也越来越重要，行业发展关乎国计民生。因此，对从业人员开展及时地、各类形式灵活多样的教育培训，提高道德素质、文化水平、专业知识和职业技能；结合行业特点，加强团结协作教育、服务意识教育和职业道德教育，一切为了社会广大人民和子孙后代的利益，坚持社会主义、集体主义原则，严谨务实，艰苦奋斗、多出精品优质工程，体现其社会价值和经济价值尤为重要。

（2）职业道德建设的行业现实

一个建筑物的诞生或一项工程的竣工需要有良好的设计、周密的施工、合格的建筑材料和严格的检验与监督。近几年来，一些工程出现设计结构不合理、计算偏差，不考虑相关因素，埋下重大隐患；施工过程中秩序混乱；建筑材料伪劣产品层出不穷；金钱、人情关系扰乱工程安全质量监督，质量安全事故时有发生。作为百年大计的工程建设产品，如果质量差，损失和危害将无法估量。例如5·12汶川地震中某些房屋倒塌，杭州地铁坍塌，上海、石家庄在建楼房倒楼事件等。造成这些问题的因素很多，但是道德因素是其中最重要的因素之一。再如，面对激烈的市场竞争，一些建筑企业为了拿到工程项目，使用各种手段，其中手段之一就是盲目压价，用根本无法完成工程的价格去投标。中标后就在设计、施工、材料等方面做文章，启用非法设计人员搞"黑设计"；施工中偷工减料；材料上买低价伪劣产品，最终，使建筑物的"百年大计"大大打了折扣。因此，大力加强建设行业职业道德建设，营造市场经济良好环境，经济效益和社会效益并重尤为紧迫。

3. 建设行业职业道德要求

根据住房和城乡建设部发布的《建筑业从业人员职业道德规范（试行）》，对建筑从业人员共同职业道德规范要求如下：

（1）热爱事业，尽职尽责

热爱建筑事业，安心本职工作，树立职业责任感和荣誉感，发扬主人翁精神，尽职尽责，在生产中不怕苦，勤勤恳恳，努力完成任务。

（2）努力学习，苦练硬功

努力学文化，学知识，刻苦钻研技术，熟练掌握本工种的基本技能，练就一身过硬本领。努力学习和运用先进的施工方法，钻研建筑新技术、新工艺、新材料。

（3）精心施工，确保质量

树立"百年大计、质量第一"的思想，按设计图纸和技术规范精心操作，确保工程质量，用优良的成绩树立建安工人形象。

（4）安全生产，文明施工

树立安全生产意识，严格安全操作规程，杜绝一切违章作业现象，确保安全生产无事故。维护施工现场整洁，在争创安全文明标准化现场管理中做出贡献。

（5）节约材料，降低成本

发扬勤俭节约优良传统，在操作中珍惜一砖一木，合理使用材料，认真做好落手清、现场清，及时回收材料，努力降低工程成本。

（6）遵章守纪，维护公德

要争做文明员工，模范遵守各项规章制度，发扬团结互助精神，尽力为其他工种提供方便。

4. 特种作业人员职业道德核心内容

（1）安全第一

坚持"生产必须安全，安全为了生产"的意识。严格遵守操作规程。操作人员要强化安全意识，认真执行安全生产的法律、法规、标准和规范，严格执行操作规程和程序，杜绝一切违章作业，不野蛮施工，不乱堆乱扔。

（2）诚实守信

诚实守信作为社会主义职业道德的基本规范，是和谐社会发展的必然要求，它不仅是建设领域职工安身立命的基础，也是企业赖以生存和发展的基石。操作人员要言行一致，表里如一，真实无欺，相互信任，遵守诺言，忠实地履行自己应当承担的责任和义务。

（3）爱岗敬业

爱岗就是热爱自己的工作岗位，敬业就是要用一种恭敬严肃的态度对待自己的工作。操作人员应当热爱本职工作，不怕苦、不怕累，认真负责，集中精力，精心操作，密切配合其他工种施工，确保工程质量，使工程如期完成。这是社会对每个从业者的要求，更应当是每个从业者对自己的自觉约束。

（4）钻研技术

操作人员要努力学习科学文化知识，刻苦钻研专业技术，苦练硬功，扎实工作，熟练掌握本工作的基本技能，努力学习和运用先进的施工方法，精通本岗位业务，不断提高业务能力。

（5）保护环境

文明操作，防止损坏他人和国家财产。讲究施工环境优美，做到优质、高效、低耗。做到不乱排污水，不乱倒垃圾，不影响交通，不扰民施工。

第二章　建筑施工特种作业人员和管理

第一节　建筑施工特种作业

1. 建筑施工特种作业概念

建筑施工特种作业人员是指在房屋建筑和市政工程施工活动中，从事对本人、他人的生命健康及周围设施的安全可能造成重大危害的作业人员。

特种作业有着不同的危险因素，《中华人民共和国安全生产法》规定：生产经营单位的特种作业人员必须按照国家有关规定经专门的安全作业培训，取得相应资格，方可上岗作业。

2. 建筑施工特种作业工种

（1）住房和城乡建设部《建筑施工特种作业人员管理规定》（建质〔2008〕75号）所确定的建筑施工特种作业包括：

1）建筑电工。

2）建筑架子工。

3）建筑起重信号司索工。

4）建筑起重机械司机。

5）建筑起重机械安装拆卸工。

6）高处作业吊篮安装拆卸工。

7）经省级以上人民政府建设主管部门认定的其他特种作业。

（2）《江苏省建筑施工特种作业人员管理暂行办法》（苏建管质〔2009〕5号），规定了江苏省的建筑施工特种作业包括：

1）建筑电工。

2）建筑架子工。

3）建筑起重信号司索工。

4）建筑起重机械司机。

5）建筑起重机械安装拆卸工。

6）高处作业吊篮安装拆卸工。

7）建筑焊工。

8）建筑施工机械安装质量检验工。

9）桩机操作工。

10）建筑混凝土泵操作工。

11）建筑施工现场场内机动车司机。

12）其他特种作业人员。

目前，江苏省又将"建筑施工现场场内机动车司机"细分为："建筑施工现场场内叉车司机""建筑施工现场场内装载机司机""建筑施工现场场内翻斗车司机""建筑施工现场场内推土机司机""建筑施工现场场内挖掘机司机""建筑施工现场场内压路机司机""建筑施工现场场内平地机司机""建筑施工现场场内沥青混凝土摊铺机司机"等。

第二节　建筑施工特种作业人员

按照住房和城乡建设部与江苏省建设行政主管部门的规定，从事建筑施工特种作业的人员应当取得建筑施工特种作业人员操作资格证书，方可上岗从事相应作业。

1. 年龄及身体要求

年满18周岁且符合相应特种作业规定的年龄要求。

近3个月内经二级乙等以上医院体检合格且无听觉障碍、无色盲，无妨碍从事本工种的疾病（如癫痫病、高血压、心脏病、眩晕症、精神病和突发性昏厥症等）和生理缺陷。

2. 学历要求

初中及以上学历。其中，报考建筑起重机械安装质量检测工（塔式起重机、施工升降机）的人员，应符合下列条件之一：

（1）具有工程机械（建筑机械）类、电气类大专以上学历或工程机械（建筑机械）类、电气类、安全工程类助理工程师任职资格，并从事起重机设计、制造、安装调试、维修、操作、检验工作2年及其以上。

（2）具有工程机械（建筑机械）类、电气类中专、理工科（非起重专业）大专以上学历或工程机械（建筑机械）类、电气类、安全工程类技术员任职资格，并从事起重机设计、制造、安装调试、维修、操作、检验工作3年及其以上。

（3）具有高中学历并从事起重机设计、制造、安装调试、维修、操作、检验工作5年及其以上。

3. 考核要求

（1）报名

全省建筑施工特种作业人员考核、发证及管理系统集成在"江苏省建筑业监管信息平台2.0"上。建筑施工企业人员可由企业统一组织通过监管信息平台直接报名，非建筑施工企业人员向所在地考核基地报名，填报相应工种，经市县建设（筑）主管部门资格审查合格后，到经省建设行政主管部门认定的建筑施工特种作业考核基地，进行培训后参加考核。

凡申请考核、延期复核、换证的人员均须进行二代身份证信息和指纹信息采集。采集入库的二代身份证和指纹信息，将作为今后个人进行考核、延期复核、换证、查验的依据，如信息不吻合，将影响上述有关事项的办理。

企业可自行采集本企业申报人员二代身份证信息，指纹信息须由申报人员至考核基地进行现场采集。

（2）考核

建筑施工特种作业人员考核包括安全技术理论和安全操作技能。

考核内容分掌握、熟悉、了解三类。其中掌握即要求能运用相关特种作业知识解决实际问题；熟悉即要求能较深理解相关特种作业安全技术知识；了解即要求具有相关特种作业的基本知识。

（3）考核办法

1）安全技术理论考核。采用无纸化网络闭卷考试方式，考试时间为 2 小时，实行百分制，60 分为合格。其中，安全生产基本知识占 25%、专业基础知识占 25%、专业技术理论占 50%。

2）安全操作技能考核。采用实际操作（或模拟操作）、口试等方式，考核实行百分制，70 分为合格。

3）参考人员在安全技术理论考核合格后，方可参加实际操作技能考核。同一工种的实操考核时间不得早于理论考核时间，在实际操作技能考核合格后，可以取得相应的建筑施工特种作业人员操作资格。

4. 发证

（1）按照住房和城乡建设部《建筑施工特种作业人员管理规定》（建质〔2008〕75 号）的规定，考核发证机关对于考核合格的，应当自考核结果公布之日起 10 个工作日内颁发资格证书。资格证书采用国务院建设主管部门统一规定的式样，由考核发证机关编号后签发。资格证书在全国通用。

（2）江苏省建设行政主管部门从 2017 年下半年开始，试行发放"电子证书"。此项工作得到了住房和城乡建设部的同意。2017 年 10 月 18 日，江苏省政务服务管理办公室与省住房和城乡建设厅联合发文《关于启用住房城乡建设领域从业人员考核合格电子证书使用的有关通知》（省政务办发〔2017〕66 号），文件规定从 2017 年 12 月 1 日起，全面启用电子证书，停发同名纸质证书。根据《中华人民共和国电子签名法》规定，可靠的电子证书具备与同名纸质证书相同效力。省住房城乡建设厅核发的电子证书，各地在公共资源交易、资质核准予以认可。

（3）电子证书式样（图 2-1）

图 2-1　电子证书的样式

第三节　建筑施工特种作业人员的权利

1. 获得劳动安全卫生的保护权利

建筑施工特种作业人员有获得用人单位提供符合国家规定的劳动安全卫生条件和必要的劳动防护用品的权利；并且有要求按照规定获得职业病健康体检、职业病诊疗、康复等职业病防治服务的权利。

2. 对安全生产状况的知情、参与和建议的权利

建筑施工特种作业人员有获得所从事的特种作业，可能面临的任何潜在危险、职业危害，安全与健康可能造成的后果的权利；有参与判别和解决所面临的劳动安全卫生问题的权利；有对本单位的安全生产和劳动安全卫生工作建议的权利。

3. 接受职业技能教育培训的权利

建筑施工特种作业人员有接受职业技能教育和安全生产知识培训的权利，以获得对工作环境、生产过程、机械设备和危险物质等方面的有关安全卫生知识。

4. 拒绝违章指挥和强令冒险作业的权利

建筑施工特种作业人员在单位领导或者有关工程技术人员违章指挥，或者在明知存在危险因素而没有采取安全保护措施，强迫命令操作人员作业时，有拒绝工作的权利。

5. 危险状态下的紧急避险权利

在生产劳动过程中，当发现危及作业人员生命安全的情况时，作业人员有停止工作或者撤离现场。

6. 安全生产活动的监督与批评、检举、控告和申诉的权利

建筑施工特种作业人员对用人单位遵守劳动安全卫生法律法规和标准，履行保护工人安全健康的责任的情况，有监督的权利。对用人单位违反劳动安全卫生法律法规和标准，不履行其责任的情况，作业人员有批评、检举和控告的权利。在劳动保护等方面受到用人单位不公正待遇时，作业人员有向有关部门提出申诉的权利。

对作业人员的检举、控告和申诉，建设行政主管部门和其他有关部门应当查清事实，认真处理，不得压制和打击报复。

用人单位不得因作业人员对本单位安全生产工作提出批评、检举、控告或者拒绝违章指挥、强令冒险作业及向有关部门提出申诉而降低其工资、福利等待遇或者解除与其订立的劳动合同。

7. 依法获得工伤保险的权利

生产经营单位必须依法参加工伤社会保险，为从业人员缴纳保险费。建筑施工企业必须为从事危险作业的职工办理意外伤害保险，支付保险费。当作业人员发生工伤事故时，依法获得相关保险的权利。

第四节　建筑施工特种作业人员的义务

1. 遵守有关安全生产的法律、法规和规章的义务

建筑施工特种作业人员在施工活动中，应当遵守有关安全生产的法律、法规和规章。遵守建筑施工安全强制性标准和用人单位的规章制度，严格按照操作规程操作，做到不违规作业，不违章作业。

2. 提高职业技能和安全生产操作水平的义务

建筑施工特种作业人员面对建筑施工活动中的复杂性和多样性，要不断提高职业技能水平。在未上岗之前应参加岗前技能培训和安全生产操作能力的培训，掌握安全操作知识和技能，取得相应合格证书后方可上岗工作。已在工作岗位上的人员，还须经常性地参加有关教育培训，熟练掌握本工种的各项安全操作技能，不断提高职业技能和安全生产操作水平。

3. 遵守劳动纪律的义务

建筑施工特种作业人员应严格遵守用人单位的劳动纪律。劳动纪律是用人单位为形成和维持生产经营秩序，保证劳动合同得以履行，要求全体员工在集体劳动、工作、生活过程中以及与劳动、工作紧密相关的其他过程中必须共同遵守的规则。

4. 发现事故隐患和其他不安全因素，立即报告的义务

建筑施工特种作业人员在施工现场直接承担具体的作业活动，更容易发现事故隐患或者其他不安全因素，一旦发现事故隐患或者其他不安全因素，作业人员应当立即向现场安全生产管理人员或者本单位负责人报告，不得隐瞒不报或者拖延报告。如果作业人员发现所报告的事故隐患或者其他不安全因素得不到解决，作业人员也可以越级上报。

5. 完成生产任务的义务

建筑施工特种作业人员完成合理的生产任务是应尽的义务，

也是取得劳动报酬的基本条件。作业人员在完成合理生产任务的前提下，还应该保证质量，争做生产劳动的积极分子，为企业经济效益、为社会财富的积累、为国家的发展做出自己的应有贡献。

第五节　建筑施工特种作业人员的管理

根据住房和城乡建设部的规定，省、自治区、直辖市人民政府建设主管部门或者其委托的考核机构负责本行政区域内建筑施工特种作业人员的考核工作。

1. 建设行政主管部门的管理职责

（1）省建设行政主管部门的管理职责

1）负责全省范围内建筑施工特种作业人员的考核监督管理工作。

2）研究制定特种作业人员执业资格考核标准、考核大纲，建立相应工种的试题库。

3）认证特种作业人员执业资格考核基地。

4）负责特种作业人员执业资格考核工作的师资教育培训，监督管理考核考务工作。

5）负责特种作业人员执业证书的颁发和管理。

6）负责特种作业人员统计信息工作。

7）其他监督管理工作。

（2）受委托的市、县建设（筑）主管部门的管理职责

1）负责本行政区域内特种作业人员的监督管理工作，制定本地区特种作业人员考核发证管理制度，建立本地区特种作业人员档案。

2）负责考核基地的初审和考评人员的日常管理。

3）负责特种作业人员考核工作的组织实施。

4）负责特种作业人员考核、延期复核、换证的市、县分级审核。

5）负责特种作业人员执业继续教育。

6）负责特种作业人员的统计信息工作。

7）监督检查特种作业人员的从业活动，查处违章行为并记录在档。

8）其他监督管理工作。

2. 用人单位的管理职责

（1）用人单位对于首次取得执业资格证书的人员，应当在其正式上岗前安排不少于 3 个月的实习操作。实习操作期间，用人单位应当指定专人指导和监督作业。实习操作期满经用人单位考核合格方可独立作业（所指定的专人应当从已取得相应特种作业资格证书、从事相关工作 3 年以上、无不良记录的熟练工中选取）。

（2）与持有效执业资格证书的特种作业人员订立劳动合同。

（3）制定并落实本单位特种作业安全操作规程和安全管理制度。

（4）书面告知特种作业人员违章操作的危害。

（5）向特种作业人员提供齐全、合格的安全防护用品和安全的作业条件。

（6）组织或者委托有能力的培训机构对本单位特种作业人员进行年度安全生产教育培训或者继续教育，时间不少于 24 小时。

（7）建立本单位特种作业人员管理档案。

（8）查处特种作业人员违章行为并记录在档。

（9）法律法规及有关规定明确的其他职责。

3. 特种作业人员应履行的职责

（1）严格遵守国家有关安全生产规定和本单位的规章制度，按照安全技术标准、规范和规程进行作业。

（2）正确佩戴和使用安全防护用品，并按规定对作业工具和设备进行维护保养。

（3）在施工中发生危及人身安全的紧急情况时，有权立即停止作业或者撤离危险区域，并向施工现场专职安全生产管理人员和项目负责人报告。

（4）自觉参加年度安全教育培训或者继续教育，每年不得少于 24 小时。

（5）拒绝违章指挥，并制止他人违章作业。

（6）法律法规及有关规定明确的其他职责。

4. 特种作业人员资格证书的延期

建筑施工特种作业人员执业资格证书有效期为 2 年。有效期满需要延期的，持证人员本人应当在期满前 3 个月内，向原市县考核受理机关提出申请，市县建设行政主管部门初审后，向省建设行政主管部门申请办理延期复核相关手续。延期复核合格的，证书有效期延期 2 年。

（1）特种作业人员申请资格证书延期复核，应当提交下列材料：

1）延期复核申请表。

2）身份证（原件和复印件）。

3）近 3 个月内由二级乙等以上医院出具的体检合格证明。

4）年度安全教育培训证明和继续教育证明。

5）用人单位出具的特种作业人员管理档案记录。

6）规定提交的其他资料。

（2）特种作业人员在资格证书有效期内，有下列情形之一的，延期复核结果为不合格：

1）超过相关工种规定年龄要求的。

2）身体健康状况不再适应相应特种作业岗位的。

3）对生产安全事故负有直接责任的。

4）2 年内违章操作记录达 3 次（含 3 次）以上的。

5）未按规定参加年度安全教育培训或者继续教育的。

6）规定的其他情形。

（3）市县建设（筑）行政主管部门在接到特种作业人员提交的延期复核申请后，应当根据下列情况分别作出处理：

1）对于不符合延期复核申请相关情形的，市县建设（筑）主管部门自收到延期复核资料之日起 5 个工作日内作出不予延期决定，并说明理由。

2）对于提交资料齐全且符合延期复审申请相关情形的，省建设主管部门自收到市县建设（筑）主管部门延期复核相关手续之日起 10 个工作日内办理准予延期复核手续。

（4）省建设主管部门应当在资格证书有效期满前按相关规定作出决定，逾期未作出决定的，视为延期复核合格。

5. 特种作业人员资格证书的撤销与注销

（1）省建设主管部门对有下列情形之一的，应当撤销资格证书

1）持证人弄虚作假骗取资格证书或者办理延期手续的。

2）工作人员违法核发资格证书的。

3）持证人员因安全生产责任事故承担刑事责任的。

4）规定应当撤销的其他情形。

（2）省建设主管部门对有下列情形之一的，应当注销资格证书

1）按规定不予延期的。

2）持证人逾期未申请办理延期复核手续的。

3）持证人死亡或者不具有完全民事行为能力的。

4）本人提出要求的。

5）规定应当注销的其他情形。

6. 特种作业人员管理的其他要求

（1）持有特种作业资格证书的执业人员，应当受聘于建筑施工企业或者建筑起重机械出租单位（以下简称用人单位），方可从事相应的特种作业。

（2）任何单位和个人不得非法涂改、倒卖、出租、出借或者以其他形式转让资格证书。

（3）特种作业人员变动工作单位，任何单位和个人不得以任何理由非法扣押其执业资格证书。

（4）各地应当建立举报制度，公开举报电话或者电子信箱，受理有关特种作业人员考核、发证以及延期复核的举报。对受理的举报，有关机关和工作人员应当及时妥善处理。

第三章　建筑施工安全生产相关
法规及管理制度

第一节　建筑安全生产相关法律主要内容

《中华人民共和国宪法》规定：国家通过各种途径，创造劳动就业条件，加强劳动保护，改善劳动条件，并在发展生产的基础上，提高劳动报酬和福利待遇。

劳动是一切有劳动能力的公民的光荣职责。国有企业和城乡集体经济组织的劳动者都应当以国家主人翁的态度对待自己的劳动。国家提倡社会主义劳动竞赛，奖励劳动模范和先进工作者。

1. 《中华人民共和国建筑法》相关内容

（1）建筑活动应当确保建筑工程质量和安全，符合国家的建筑工程安全标准。

（2）从事建筑活动应当遵守法律、法规，不得损害社会公共利益和他人的合法权益。

（3）建筑工程安全生产管理必须坚持安全第一、预防为主的方针，建立健全安全生产的责任制度和群防群治制度。

（4）建筑施工企业应当在施工现场采取维护安全、防范危险、预防火灾等措施；有条件的，应当对施工现场实行封闭管理。

施工现场对毗邻的建筑物、构筑物和特殊作业环境可能造成损害的，建筑施工企业应当采取安全防护措施。

（5）建筑施工企业应当遵守有关环境保护和安全生产的法律、法规的规定，采取控制和处理施工现场的各种粉尘、废气、废水、固体废物以及噪声、振动对环境的污染和危害的措施。

（6）建筑施工企业必须依法加强对建筑安全生产的管理，执行安全生产责任制度，采取有效措施，防止伤亡和其他安全生产事故的发生。

建筑施工企业的法定代表人对本企业的安全生产负责。

（7）施工现场安全由建筑施工企业负责。实行施工总承包的，由总承包单位负责。分包单位向总承包单位负责，服从总承包单位对施工现场的安全生产管理。

（8）建筑施工企业应当建立健全劳动安全生产教育培训制度，加强对职工安全生产的教育培训；未经安全生产教育培训的人员，不得上岗作业。

（9）建筑施工企业和作业人员在施工过程中，应当遵守有关安全生产的法律、法规和建筑行业安全规章、规程，不得违章指挥或者违章作业。作业人员有权对影响人身健康的作业程序和作业条件提出改进意见，有权获得安全生产所需的防护用品。作业人员对危及生命安全和人身健康的行为有权提出批评、检举和控告。

（10）建筑施工企业必须为从事危险作业的职工办理意外伤害保险，支付保险费。

（11）施工中发生事故时，建筑施工企业应当采取紧急措施减少人员伤亡和事故损失，并按照国家有关规定及时向有关部门报告。

2.《中华人民共和国安全生产法》相关内容

（1）生产经营单位必须遵守本法和其他有关安全生产的法律、法规，加强安全生产管理，建立、健全安全生产责任制和安全生产规章制度，改善安全生产条件，推进安全生产标准化建设，提高安全生产水平，确保安全生产。

（2）有关协会组织依照法律、行政法规和章程，为生产经营单位提供安全生产方面的信息、培训等服务，发挥自律作用，促进生产经营单位加强安全生产管理。

（3）国家实行生产安全事故责任追究制度，依照本法和有关法律、法规的规定，追究生产安全事故责任人员的法律责任。

（4）生产经营单位应当对从业人员进行安全生产教育和培训，保证从业人员具备必要的安全生产知识，熟悉有关的安全生产规章制度和安全操作规程，掌握本岗位的安全操作技能，了解事故应急处理措施，知悉自身在安全生产方面的权利和义务。未经安全生产教育和培训合格的从业人员，不得上岗作业。

（5）生产经营单位的特种作业人员必须按照国家有关规定经专门的安全作业培训，取得相应资格，方可上岗作业。

（6）生产经营单位应当建立健全生产安全事故隐患排查治理制度，采取技术、管理措施，及时发现并消除事故隐患。事故隐患排查治理情况应当如实记录，并向从业人员通报。

（7）承担安全评价、认证、检测、检验的机构应当具备国家规定的资质条件，并对其作出的安全评价、认证、检测、检验的结果负责。

（8）负有安全生产监督管理职责的部门应当建立举报制度，公开举报电话、信箱或者电子邮件地址，受理有关安全生产的举报；受理的举报事项经调查核实后，应当形成书面材料；需要落实整改措施的，报经有关负责人签字并督促落实。

（9）任何单位或者个人对事故隐患或者安全生产违法行为，均有权向负有安全生产监督管理职责的部门报告或者举报。

（10）新闻、出版、广播、电影、电视等单位有进行安全生产宣传教育的义务，有对违反安全生产法律、法规的行为进行舆论监督的权利。

3.《中华人民共和国特种设备安全法》相关内容

（1）特种设备生产、经营、使用单位应当遵守本法和其他有关法律、法规，建立、健全特种设备安全和节能责任制度，加强特种设备安全和节能管理，确保特种设备生产、经营、使用安全，符合节能要求。

（2）任何单位和个人有权向负责特种设备安全监督管理的部门和有关部门举报涉及特种设备安全的违法行为，接到举报的部门应当及时处理。

（3）特种设备生产、经营、使用单位及其主要负责人对其生产、经营、使用的特种设备安全负责。

特种设备生产、经营、使用单位应当按照国家有关规定配备特种设备安全管理人员、检测人员和作业人员，并对其进行必要的安全教育和技能培训。

（4）特种设备安全管理人员、检测人员和作业人员应当按照国家有关规定取得相应资格，方可从事相关工作。特种设备安全管理人员、检测人员和作业人员应当严格执行安全技术规范和管理制度，保证特种设备安全。

（5）特种设备使用单位应当建立岗位责任、隐患治理、应急救援等安全管理制度，制定操作规程，保证特种设备安全运行。

（6）特种设备使用单位应当建立特种设备安全技术档案。

安全技术档案应当包括以下内容：

1）特种设备的设计文件、产品质量合格证明、安装及使用维护保养说明、监督检验证明等相关技术资料和文件；

2）特种设备的定期检验和定期自行检查记录；

3）特种设备的日常使用状况记录；

4）特种设备及其附属仪器仪表的维护保养记录；

5）特种设备的运行故障和事故记录。

（7）特种设备的使用应当具有规定的安全距离、安全防护措施。

（8）特种设备使用单位应当对其使用的特种设备进行经常性维护保养和定期自行检查，并作出记录。

特种设备使用单位应当对其使用的特种设备的安全附件、安全保护装置进行定期校验、检修，并作出记录。

（9）特种设备使用单位应当按照安全技术规范的要求，在检验合格有效期届满前一个月向特种设备检验机构提出定期检验要求。

特种设备检验机构接到定期检验要求后，应当按照安全技术规范的要求及时进行安全性能检验。特种设备使用单位应当将定期检验标志置于该特种设备的显著位置。

未经定期检验或者检验不合格的特种设备，不得继续使用。

（10）特种设备安全管理人员应当对特种设备使用状况进行经常性检查，发现问题应当立即处理；情况紧急时，可以决定停止使用特种设备并及时报告本单位有关负责人。

特种设备作业人员在作业过程中发现事故隐患或者其他不安全因素，应当立即向特种设备安全管理人员和单位有关负责人报告；特种设备运行不正常时，特种设备作业人员应当按照操作规程采取有效措施保证安全。

（11）特种设备出现故障或者发生异常情况，特种设备使用单位应当对其进行全面检查，消除事故隐患，方可继续使用。

（12）负责特种设备安全监督管理的部门在依法履行监督检查职责时，可以行使下列职权：

1）进入现场进行检查，向特种设备生产、经营、使用单位和检验、检测机构的主要负责人和其他有关人员调查、了解有关情况；

2）根据举报或者取得的涉嫌违法证据，查阅、复制特种设备生产、经营、使用单位和检验、检测机构的有关合同、发票、账簿以及其他有关资料；

3）对有证据表明不符合安全技术规范要求或者存在严重事故隐患的特种设备实施查封、扣押；

4）对流入市场的达到报废条件或者已经报废的特种设备实施查封、扣押；

5）对违反本法规定的行为作出行政处罚决定。

（13）特种设备使用单位应当制定特种设备事故应急专项预案，并定期进行应急演练。

（14）特种设备发生事故后，事故发生单位应当按照应急预案采取措施，组织抢救，防止事故扩大，减少人员伤亡和财产损失，保护事故现场和有关证据，并及时向事故发生地县级以上人民政府负责特种设备安全监督管理的部门和有关部门报告。

与事故相关的单位和人员不得迟报、谎报或者瞒报事故情况，不得隐匿、毁灭有关证据或者故意破坏事故现场。

4.《中华人民共和国劳动合同法》相关内容

（1）用人单位自用工之日起即与劳动者建立劳动关系。用人单位应当建立职工名册备查。

（2）用人单位招用劳动者时，应当如实告知劳动者工作内容、工作条件、工作地点、职业危害、安全生产状况、劳动报酬，以及劳动者要求了解的其他情况；用人单位有权了解劳动者与劳动合同直接相关的基本情况，劳动者应当如实说明。

（3）用人单位招用劳动者，不得扣押劳动者的居民身份证和其他证件，不得要求劳动者提供担保或者以其他名义向劳动者收取财物。

（4）建立劳动关系，应当订立书面劳动合同。

已建立劳动关系，未同时订立书面劳动合同的，应当自用工之日起一个月内订立书面劳动合同。

用人单位与劳动者在用工前订立劳动合同的，劳动关系自用工之日起建立。

（5）劳动合同无效或者部分无效的情形：

1）以欺诈、胁迫的手段或者乘人之危，使对方在违背真实意思的情况下订立或者变更劳动合同的；

2）用人单位免除自己的法定责任、排除劳动者权利的；

3）违反法律、行政法规强制性规定的。

对劳动合同的无效或者部分无效有争议的，由劳动争议仲裁机构或者人民法院确认。

（6）用人单位应当按照劳动合同约定和国家规定，向劳动者及时足额支付劳动报酬。

用人单位拖欠或者未足额支付劳动报酬的，劳动者可以依法向当地人民法院申请支付令，人民法院应当依法发出支付令。

（7）用人单位应当严格执行劳动定额标准，不得强迫或者变相强迫劳动者加班。用人单位安排加班的,应当按照国家有关规定向劳动者支付加班费。

(8)劳动者拒绝用人单位管理人员违章指挥、强令冒险作业的,不视为违反劳动合同。

劳动者对危害生命安全和身体健康的劳动条件,有权对用人单位提出批评、检举和控告。

5.《中华人民共和国刑法》相关内容

(1)【重大责任事故罪】在生产、作业中违反有关安全管理的规定,因而发生重大伤亡事故或者造成其他严重后果的,处三年以下有期徒刑或者拘役;情节特别恶劣的,处三年以上七年以下有期徒刑。

(2)【强令违章冒险作业罪】强令他人违章冒险作业,因而发生重大伤亡事故或者造成其他严重后果的,处五年以下有期徒刑或者拘役;情节特别恶劣的,处五年以上有期徒刑。

(3)【重大劳动安全事故罪】安全生产设施或者安全生产条件不符合国家规定,因而发生重大伤亡事故或者造成其他严重后果的,对直接负责的主管人员和其他直接责任人员,处三年以下有期徒刑或者拘役;情节特别恶劣的,处三年以上七年以下有期徒刑。

(4)【工程重大安全事故罪】建设单位、设计单位、施工单位、工程监理单位违反国家规定,降低工程质量标准,造成重大安全事故的,对直接责任人员,处五年以下有期徒刑或者拘役,并处罚金;后果特别严重的,处五年以上十年以下有期徒刑,并处罚金。

(5)【消防责任事故罪】违反消防管理法规,经消防监督机构通知采取改正措施而拒绝执行,造成严重后果的,对直接责任人员,处三年以下有期徒刑或者拘役;后果特别严重的,处三年以上七年以下有期徒刑。

(6)【不报、谎报安全事故罪】在安全事故发生后,负有报告职责的人员不报或者谎报事故情况,贻误事故抢救,情节严重的，处三年以下有期徒刑或者拘役；情节特别严重的，处三年以上七年以下有期徒刑。

第二节　建筑安全生产相关行政法规主要内容

1.《建设工程安全生产管理条例》

该条例规定了施工单位的相关安全责任，包括：依法取得资质和承揽工程；建立健全安全生产制度和操作规程；保证本单位安全生产条件所需资金的投入；设立安全生产管理机构，配备专职安全生产管理人员；总承包单位对施工现场的安全生产负总责；总承包单位和分包单位对分包工程的安全生产承担连带责任；特种作业人员必须按照国家有关规定经过专门的安全作业培训，并取得特种作业操作资格证书；施工单位的施工组织设计及专项施工方案管理责任；建设工程施工安全技术交底责任；施工现场、办公、生活区安全文明管理责任；相邻建筑物及环保管理责任；施工现场防火管理责任；施工作业人员安全防护及劳保管理责任；施工机械管理责任；施工单位的主要负责人、项目负责人、专职安全生产管理人员任职管理责任；施工单位应当对管理人员和作业人员的安全生产教育培训管理责任；施工单位应当为施工现场从事危险作业的人员办理意外伤害保险等相关安全责任。

相关内容：

（1）垂直运输机械作业人员、安装拆卸工、爆破作业人员、起重信号工、登高架设作业人员等特种作业人员，必须按照国家有关规定经过专门的安全作业培训，并取得特种作业操作资格证书后，方可上岗作业。

（2）施工单位应当在施工现场入口处、施工起重机械、临时用电设施、脚手架、出入通道口、楼梯口、电梯井口、孔洞口、桥梁口、隧道口、基坑边沿、爆破物及有害危险气体和液体存放处等危险部位，设置明显的安全警示标志。安全警示标志必须符合国家标准。

施工单位应当根据不同施工阶段和周围环境及季节、气候的变化，在施工现场采取相应的安全施工措施。施工现场暂时停止施工的，施工单位应当做好现场防护，所需费用由责任方承担，或者按照合同约定执行。

（3）施工单位应当向作业人员提供安全防护用具和安全防护服装，并书面告知危险岗位的操作规程和违章操作的危害。

作业人员有权对施工现场的作业条件、作业程序和作业方式中存在的安全问题提出批评、检举和控告，有权拒绝违章指挥和强令冒险作业。

在施工中发生危及人身安全的紧急情况时，作业人员有权立即停止作业或者在采取必要的应急措施后撤离危险区域。

2. 《生产安全事故报告和调查处理条例》

条例对事故报告，事故调查，事故等级及事故处理作出了规定。

相关内容：

（1）根据生产安全事故造成的人员伤亡或者直接经济损失，事故一般分为以下等级：

1）特别重大事故，是指造成 30 人（含 30 人）以上死亡，或者 100 人（含 100 人）以上重伤（包括急性工业中毒，下同），或者 1 亿元（含 1 亿元）以上直接经济损失的事故；

2）重大事故，是指造成 10 人（含 10 人）以上 30 人以下死亡，或者 50 人（含 50 人）以上 100 人以下重伤，或者 5000 万元（含 5000 万元）以上 1 亿元以下直接经济损失的事故；

3）较大事故，是指造成 3 人（含 3 人）以上 10 人以下死亡，或者 10 人（含 10 人）以上 50 人以下重伤，或者 1000 万元（含 1000 万元）以上 5000 万元以下直接经济损失的事故；

4）一般事故，是指造成 3 人以下死亡，或者 10 人以下重伤，或者 1000 万元以下直接经济损失的事故。

（2）事故发生后，事故现场有关人员应当立即向本单位负责人报告；单位负责人接到报告后，应当于 1 小时内向事故发生地县级以上人民政府安全生产监督管理部门和负有安全生产监督管理职责的有关部门报告。

情况紧急时，事故现场有关人员可以直接向事故发生地县级以上人民政府安全生产监督管理部门和负有安全生产监督管理职责的有关部门报告。

（3）事故调查组有权向有关单位和个人了解与事故有关的情况，并要求其提供相关文件、资料，有关单位和个人不得拒绝。

事故发生单位的负责人和有关人员在事故调查期间不得擅离职守，并应当随时接受事故调查组的询问，如实提供有关情况。

事故调查中发现涉嫌犯罪的，事故调查组应当及时将有关材料或者其复印件移交司法机关处理。

3. 《特种设备安全监察条例》

（1）特种设备生产、使用单位应当建立健全特种设备安全、节能管理制度和岗位安全、节能责任制度。

特种设备生产、使用单位的主要负责人应当对本单位特种设备的安全和节能全面负责。

特种设备生产、使用单位和特种设备检验检测机构，应当接受特种设备安全监督管理部门依法进行的特种设备安全监察。

（2）特种设备出现故障或者发生异常情况，使用单位应当对其进行全面检查，消除事故隐患后，方可重新投入使用。

（3）特种设备使用单位应当对特种设备作业人员进行特种设备安全、节能教育和培训，保证特种设备作业人员具备必要的特种设备安全、节能知识。

特种设备作业人员在作业中应当严格执行特种设备的操作规程和有关的安全规章制度。

（4）特种设备作业人员在作业过程中发现事故隐患或者其他不安全因素，应当立即向现场安全管理人员和单位有关负责人报告。

第三节　建筑安全生产相关部委规章及规范性文件主要内容

1.《建筑起重机械安全监督管理规定》

（1）使用单位应当履行下列安全职责：

1）根据不同施工阶段、周围环境以及季节、气候的变化，对建筑起重机械采取相应的安全防护措施；

2）制定建筑起重机械生产安全事故应急救援预案；

3）在建筑起重机械活动范围内设置明显的安全警示标志，对集中作业区做好安全防护；

4）设置相应的设备管理机构或者配备专职的设备管理人员；

5）指定专职设备管理人员、专职安全生产管理人员进行现场监督检查；

6）建筑起重机械出现故障或者发生异常情况的，立即停止使用，消除故障和事故隐患后，方可重新投入使用。

（2）使用单位应当对在用的建筑起重机械及其安全保护装置、吊具、索具等进行经常性和定期的检查、维护和保养，并做好记录。

（3）禁止擅自在建筑起重机械上安装非原制造厂制造的标准节和附着装置。

（4）建筑起重机械特种作业人员应当遵守建筑起重机械安全操作规程和安全管理制度，在作业中有权拒绝违章指挥和强令冒险作业，有权在发生危及人身安全的紧急情况时立即停止作业或者采取必要的应急措施后撤离危险区域。

（5）建筑起重机械安装拆卸工、起重信号工、起重司机、司索工等特种作业人员应当经建设主管部门考核合格，并取得特种作业操作资格证书后，方可上岗作业。

省、自治区、直辖市人民政府建设主管部门负责组织实施建筑施工企业特种作业人员的考核。

2. 《危险性较大的分部分项工程安全管理办法》

办法对危险性较大的分部分项工程，即房屋建筑和市政基础设施工程在施工过程中，容易导致人员群死群伤或者造成重大经济损失的分部分项工程的前期保障、专项施工方案、现场安全管理及监督管理明确了具体要求。

（1）施工单位应当在施工现场显著位置公告危大工程名称、施工时间和具体责任人员，并在危险区域设置安全警示标志。

（2）专项施工方案实施前，编制人员或者项目技术负责人应当向施工现场管理人员进行方案交底。

施工现场管理人员应当向作业人员进行安全技术交底，并由双方和项目专职安全生产管理人员共同签字确认。

（3）施工单位应当对危大工程施工作业人员进行登记，项目负责人应当在施工现场履职。

项目专职安全生产管理人员应当对专项施工方案实施情况进行现场监督，对未按照专项施工方案施工的，应当要求立即整改，并及时报告项目负责人，项目负责人应当及时组织限期整改。

施工单位应当按照规定对危大工程进行施工监测和安全巡视，发现危及人身安全的紧急情况，应当立即组织作业人员撤离危险区域。

（4）危大工程发生险情或者事故时，施工单位应当立即采取应急处置措施，并报告工程所在地住房城乡建设主管部门。建设、勘察、设计、监理等单位应当配合施工单位开展应急抢险工作。

第四章 建筑施工安全防护基本知识

第一节 个人安全防护用品的使用

1. 安全帽

安全帽是对人的头部受坠落物及其他特定因素引起的伤害起防护作用的防护用品。由帽壳、帽衬、下颌带和帽箍等组成。

施工现场工人必须佩戴安全帽。

（1）安全帽的作用

主要是为了保护头部不受到伤害。并在出现以下几种情况时保护人的头部不受伤害或降低头部伤害的程度。

1）飞来或坠落下来的物体击向头部时；

2）当作业人员从 2m 及以上的高处坠落下来时；

3）当头部有可能触电时；

4）在低矮的部位行走或作业，头部有可能碰到尖锐、坚硬的物体时。

（2）安全帽佩戴注意事项

安全帽的佩戴要符合标准，使用应符合规定。佩戴时要注意下列事项：

1）戴安全帽前应将调整带按自己头型调整到适合的位置，然后将帽内弹性带系牢。缓冲衬垫的松紧由带子调节，人的头顶和帽体内顶部的空间垂直距离一般在 25～50mm 之间。这样才能保证当遭受到冲击时，帽体有足够的空间可供缓冲，平时也有利于头和帽体间的通风。

2）不要把安全帽歪戴，也不要把帽檐戴在脑后方。否则，会降低安全帽对于冲击的防护作用。

3）为充分发挥保护力，安全帽佩戴时必须按头号围的大小调整帽箍并系紧下颌带。

4）安全帽体顶部除了在帽体内部安装了帽衬外，有的还开了小孔通风。但在使用时不要为了透气而随便再行开孔，因为这样会降低帽体的强度。

5）安全帽要定期检查。检查有没有龟裂、下凹、裂痕和磨损等情况，发现异常现象要立即更换，不准再继续使用。任何受过重击、有裂痕的安全帽，不论有无损坏现象，均应报废。

6）在现场室内作业也要戴安全帽，特别是在室内带电作业时，更要认真戴好安全帽，因为安全帽不但可以防碰撞，而且还能起到绝缘作用。

7）平时使用安全帽时应保持整洁，不能接触火源，不要任意涂刷油漆，不准当凳子坐。如果丢失或损坏，必须立即补发或更换，无安全帽一律不准进入施工现场。

2. 安全带

安全带是用于防止高处作业人员发生坠落或发生坠落后将作业人员安全悬挂的个体防护装备。主要由安全绳、缓冲器、主带、辅带等部件组成。

为了防止作业者在某个高度和位置上可能出现的坠落，作业者在登高和高处作业时，必须系挂好安全带。安全带的使用和维护有以下几点要求：

（1）高处作业施工前，应对作业人员进行安全技术教育及交底，并应配备相应防护用品。作业人员应从思想上重视安全带的作用，作业前必须按规定要求系好安全带。

（2）安全带在使用前要检查各部位是否完好无损，所有零部件应顺滑，无材料或制造缺陷，无尖角或锋利边缘。

（3）挂点强度应满足安全带的负荷要求，挂点不是安全带的组成部分，但同安全带的使用密切相关。高处作业如无固定挂点，应采用适当强度的钢丝绳或采取其他方法悬挂。禁止挂在移动或带尖锐棱角或不牢固的物件上。

（4）高挂低用。将安全带挂在高处，人在下面工作就叫高挂低用。它可以使坠落发生时的实际冲击距离减小。与之相反的是低挂高用。因为当坠落发生时，实际冲击的距离会加大，人和绳都要受到较大的冲击负荷。所以安全带必须高挂低用，严禁低挂高用。

（5）安全带绳保护套要保持完好，以防绳被磨损。若发现保护套损坏或脱落，必须加上新套后再使用。

（6）安全带严禁擅自接长使用。如果使用3m及以上的长绳时必须要加缓冲器，各部件不得任意拆除。

（7）安全带在使用后，要注意维护和保管。要经常检查安全带缝制部分和挂钩部分，必须详细检查捻线是否发生裂断和残损等。

（8）安全带不使用时要妥善保管，不可接触高温、明火、强酸、强碱或尖锐物体，不要存放在潮湿的仓库中保管。

（9）安全带在使用两年后应抽验一次，频繁使用应经常进行外观检查，发现异常必须立即更换。定期或抽样试验用过的安全带，不准再继续使用。

3. 防护服

建筑施工现场作业人员应穿着工作服。焊工的工作服一般为白色，其他工种的工作服没有颜色的限制。

（1）防护服的分类

建筑施工现场的防护服主要有以下几类：

1）全身防护型工作服；

2）防毒工作服；

3）耐酸工作服；

4）耐火工作服；

5）隔热工作服；

6）通气冷却工作服；

7）通水冷却工作服；

8）防射线工作服；

9）劳动防护雨衣；

10）普通工作服。

（2）防护服的穿着

施工现场对作业人员防护服的穿着要求主要有：

1）作业人员作业时必须穿着工作服；

2）操作转动机械时，袖口必须扎紧；

3）从事特殊作业的人员必须穿着特殊作业防护服；

4）焊工工作服应是白色帆布制作。

4. 防护鞋

防护鞋的种类比较多，应根据作业场所和内容的不同选择使用。电力建设施工现场上常用的有绝缘靴（鞋）、焊接防护鞋、耐酸碱橡胶靴及皮安全鞋等。

对绝缘鞋的要求有：

（1）必须在规定的电压范围内使用；

（2）绝缘鞋（靴）胶料部分无破损，且每半年作一次预防性试验；

（3）在浸水、油、酸、碱等条件上不得作为辅助安全用具使用。

5. 防护手套

使用防护手套时，必须对工件、设备及作业情况分析之后，选择适当材料制作的，操作方便的手套，方能起到保护作用。施工现场上常用的防护手套有下列几种：

（1）劳动保护手套。具有保护手和手臂的功能，作业人员工作时一般都使用这类手套。

（2）带电作业用绝缘手套。要根据电压选择适当的手套，检查表面有无裂痕、发黏、发脆等缺陷，如有异常禁止使用。

（3）耐酸、耐碱手套。主要用于接触酸和碱时戴的手套。

（4）橡胶耐油手套。主要用于接触矿物油、植物油及脂肪簇的各种溶剂作业时戴的手套。

（5）焊工手套。电、火焊工作业时戴的防护手套，应检查皮革或帆布表面有无僵硬、洞眼等残缺现象，如有缺陷，不准使用。手套要有足够的长度，手腕部不能裸露在外边。

第二节　安全色与安全标志

安全色和安全标志是国家规定的两个传递安全信息的标准。尽管安全色和安全标志是一种消极的、被动的防御性的安全警告装置，并不能消除、控制危险，不能取代其他防范安全生产事故的各种措施，但它们形象而醒目地向人们提供了禁止、警告、指令、提示等安全信息，对于预防安全生产事故的发生具有重要作用。

1. 安全色的概念

安全色，就是传递安全信息含义的颜色，包括红、蓝、黄、绿四种颜色。对比色，是使安全色更加醒目的反衬色，包括黑、白两种颜色。对比色要与安全色同时使用。

安全色适用于工业企业、交通运输、建筑、消防、仓库、医院及剧场等公共场所使用的信号和标志的表面色，不适用于灯光信号、航海、内河航运以及其他目的而使用的颜色。

2. 安全色的含义

安全色的红、蓝、黄、绿四种颜色，分别代表不同的含义。

（1）红色。表示禁止、停止、危险以及消防设备的意思。凡是禁止、停止、消防和有危险的器件或环境均应涂以红色的标记作为警示的信号。

（2）蓝色。表示指令，要求人们必须遵守的规定。

（3）黄色。表示提醒人们注意。凡是警告人们注意的器件、设备及环境都应以黄色表示。

（4）绿色。表示给人们提供允许、安全的信息。

（5）对比色与安全色同时使用。

（6）安全色与对比色的相间条纹。

红色与白色相间条纹——表示禁止人们进入危险环境。

黄色与黑色相间条纹——表示提示人们特别注意的意思。

蓝色和白色相间条纹——表示必须遵守规定的意思。

绿色和白色相间条纹——与提示标志牌同时使用，更为醒目地提示人们。

3. 安全色的使用

安全色的使用范围很广，可以使用在安全标志上，也可以直接使用在机械设备上；可以在室内使用，也可以在户外使用。如红色的，各种禁止标志；黄色的，各种警告标志；蓝色的，各种指令标志；绿色的，各种提示标志等等。

安全色有规定的颜色范围，超出范围就不符合安全色的要求。颜色范围所规定的安全色是最不容易互相混淆的颜色。对比色是为了使安全色更加醒目而采用的反衬色，它的作用是提高物体颜色的对比度。

4. 安全标志的概念

安全标志是用以表达特定安全信息的标志，由图形符号、安全色、几何图形（边框）或文字构成。

安全标志适用于工矿企业、建筑工地、厂内运输和其他有必要提醒人们注意安全的场所。使用安全标志，能够引起人们对不安全因素的注意，从而达到预防事故、保证安全的目的。但是，安全标志的使用只是起到提示、提醒的作用，它不能代替安全操作规程，也不能代替其他的安全防护措施。

5. 安全标志的种类

安全标志分禁止标志、警告标志、指令标志和提示标志四大类型。

（1）禁止标志。禁止标志的含义是禁止人们安全行为的图形标志。其基本形式是带斜杠的圆边框，采用红色作为安全色。

（2）警告标志。警告标志的基本含义是提醒人们对周围环境引起注意，以避免可能发生危险的图形标志。其基本形式是正三角形边框，采用黄色作为安全色。

（3）指令标志。指令标志的含义是强制人们必须做出某种动作或采用防范措施的图形标志。其基本形式是圆形边框，采用蓝色作为安全色。

（4）提示标志。提示标志的含义是向人们提供某种信息（如标明安全设施或场所等）的图形标志。其基本形式是正方形边框，采用绿色作为安全色。

第三节　高处作业安全知识

1. 高处作业的基本概念

凡在坠落高度基准面 2m 及以上，有可能坠落的高处进行的作业，均称为高处作业。

2. 建筑施工高处作业常见形式及安全措施

（1）临边作业

临边作业是指在工作面边沿无围护或围护设施高度低于800mm 的高处作业，包括楼板边、楼梯段边、屋面边、阳台边、各类坑、沟、槽等边沿的高处作业。

进行临边作业时，应在临空一侧设置防护栏杆，并应采用密目式安全立网或工具式栏板封闭。

1）分层施工的楼梯口、楼梯平台和梯段边，应安装防护栏杆；外设楼梯口、楼梯平台和梯段边还应采用密目式安全立网封闭。

2）建筑物外围边沿处，应采用密目式安全立网进行全封闭，有外脚手架的工程，密目式安全立网应设置在脚手架外侧立杆上，并与脚手杆紧密连接；没有外脚手架的工程，应采用密目式安全立网将临边全封闭。

3）施工升降机、龙门架和井架物料提升机等各类垂直运输设备设施与建筑物间设置的通道平台两侧边，应设置防护栏杆、挡脚板，并应采用密目式安全立网或工具式栏板封闭。

4）各类垂直运输接料平台口应设置高度不低于 1.8m 的楼层防护门，并应设置防外开装置；多笼井架物料提升机通道中间，应分别设置隔离设施。

（2）洞口作业

洞口作业是指在地面、楼面、屋面和墙面等有可能使人和物料坠落，其坠落高度大于或等于 2m 的洞口处的高处作业。

在洞口作业时，应采取防坠落措施，并应符合下列规定：

1）当垂直洞口短边边长小于 500mm 时，应采取封堵措施；当垂直洞口短边边长大于或等于 500mm 时，应在临空一侧设置高度不小于 1.2m 的防护栏杆，并应采用密目式安全立网或工具式栏板封闭，设置挡脚板；

2）当非垂直洞口短边尺寸为 25～500mm 时，应采用承载力满足使用要求的盖板覆盖，盖板四周搁置应均衡，且应防止盖板移位；

3）当非垂直洞口短边边长为 500～1500mm 时，应采用专项设计盖板覆盖，并应采取固定措施；

4）当非垂直洞口短边长大于 1500mm 时，应在洞口作业侧设置高度不小于 1.2m 的防护栏杆，并应采用密目式安全立网或工具式栏板封闭；洞口应采用安全平网封闭。

5）电梯井口应设置防护门，其高度不应小于 1.5m，防护门底端距地面高度不应大于 50mm，并应设置挡脚板。

6）在进入电梯安装施工工序之前，同时井道内应每隔 10m 且不大于 2 层加设一道水平安全网。电梯井内的施工层上部，应设置隔离防护设施。

7）施工现场通道附近的洞口、坑、沟、槽、高处临边等危险作业处，应悬挂安全警示标志外，夜间应设灯光警示。

8）边长不大于 500mm 洞口所加盖板，应能承受不小于 1.1kN/㎡的荷载。

9）墙面等处落地的竖向洞口、窗台高度低于 800mm 的竖向洞口及框架结构在浇筑完混凝土没有砌筑墙体时的洞口，应按临边防护要求设置防护栏杆。

（3）攀登作业

攀登作业是指借助登高用具或登高设施进行的高处作业。攀登作业应注意以下事项：

1）攀登的用具，结构构造上必须牢固可靠。

2）梯子底部应坚实，并有防滑措施，不得垫高使用，梯子的上端应有固定措施。

3）单梯不得垫高使用，使用时应与水平面成 75°夹角，踏步不得缺失，其间距宜为 300mm。当梯子需接长使用时，应有可靠的连接措施，接头不得超过 1 处。连接后梯梁的强度，不应低于单梯梯梁的强度。

4）固定式直爬梯应用金属材料制成。使用直爬梯进行攀登作业时，攀登高度以 5m 为宜，超过 8m 时，应设置梯间平台。

5）上下梯子时，必须面向梯子，且不得手持器物。

（4）交叉作业

交叉作业是指垂直空间贯通状态下，可能造成人员或物体坠落，并处于坠落半径范围内、上下左右不同层面的立体作业。交叉作业时应注意以下事项：

1）各工种进行上下立体交叉作业时，不得在同一垂直方向上操作，下层作业的位置，必须处于依上层高度确定的可能坠落半径范围之外，不符合以上条件时，应设安全防护层。

2）钢模板、脚手架拆除时，下方不得有人施工。

3）模板拆除后，临边堆放处离楼层边沿不应小于 1m，堆放高度不得超过 1m，楼层边口、通道口、脚手架边缘等处，严禁堆放任何物件。

4）结构施工自 2 层起，凡人员进出的通道口（包括井架、施工电梯的进出通道口），均应搭设双层防护棚。

5）在建建筑物旁或在塔机吊臂回转半径范围之内的主要通道、临时设施、钢筋、木工作业区等必须搭设双层防护棚。

第五章 施工现场消防基本知识

第一节 施工现场消防知识概述及 常用消防器材

1. 施工现场消防知识概述

我国消防工作实行预防为主、消防结合的方针。按照政府统一领导、部门依法监管、单位全面负责、公民积极参与的原则，实行消防安全责任制，建立健全社会化的消防工作网络。

建设工程施工现场的防火，必须遵循国家有关方针、政策，针对不同施工现场的火灾特点，立足自防自救，采取可靠防火措施，做到安全可靠、经济合理、方便适用。

燃烧的发生必须具备三个条件，即：可燃物、助燃物和着火源。因此，制止火灾发生的基本措施包括：

（1）控制可燃物，以难燃或不燃的材料代替易燃或可燃的。

（2）隔绝空气，使用易燃物质的生产应密闭的设备中进行。

（3）消除着火源。

（4）阻止火势蔓延，在建筑物之间筑防火墙，设防火间距，防止火灾扩大。

2. 建筑施工现场消防器材的配置和使用

（1）在建工程及临时用房的下列场所应配置灭火器：

1）易燃易爆危险品存放及使用场所；

2）动火作业场所；

3）可燃材料存放、加工及使用场所；

4）厨房操作间、锅炉房、发电机房、变配电房、设备用房、办公用房、宿舍等临时用房；

　　5）其他具有火灾危险的场所。

　　（2）建筑施工现场常用灭火器及使用方法：

　　1）泡沫灭火器。药剂：筒内装有碳酸氢钠、发沫剂、硫酸铝溶液。用途：适用于扑救油脂类、石油产品及一般固体初起的火灾；不适用于扑救忌水化学品和电气火灾。使用方法：手指堵住喷嘴，将筒体上下颠倒2次，打开开关，药剂即喷出。

　　2）干粉灭火器。药剂：钢筒内装有钾盐或钠盐粉，并备有盛装压缩气体的小钢瓶。用途：适用于扑救石油及其产品、可燃气体和电气设备初起的火灾。使用方法：提起筒，拔掉保险销环，干粉即可喷出。

　　3）二氧化碳灭火器。药剂：瓶内装有压缩或液态的二氧化碳。用途：主要适用于扑救贵重设备，档案资料，仪器仪表，600V以下的电器及油脂等火灾；禁止使用二氧化碳灭火器灭火的物品有，遇有燃烧物品中的锂、钠、钾、铯、锶、镁、铝粉等。使用方法：拔掉安全销，一手拿好喇叭筒对着火源，另一手压紧压把，打开开关即可。

　　4）酸碱灭火器。用途：主要适用于扑救竹、木、棉、毛、草、纸等一般初起火灾，但对忌水的化学物品、电气、油类不宜用。

　　（3）消防栓、消防带、消防水枪

　　消防栓按安装区域分有室内、室外消防栓两种；按安装位置分有地上式与地下式两种；按消防介质分有水消防栓和泡沫消防栓两种。消防栓应在任意时刻均处于工作状态。

　　1）消防水带应配相对口径的水带接口方能使用。水带接口装置于水带两端，用于水带与水带、消火栓或水枪之间的连接，以便进行输水或水和泡沫混合液，其接口为内扣式。

　　2）水枪是装在水带接口上，起射水作用的专用部件。各种水枪的接口形式均为内扣式。

　　3）消防栓的开关位置在其顶部，必须用专用扳手操作，其顶盖上有开关标志符。

使用时应先安好消防水带，之后打开消防栓上封盖把水带固定好，然后再打开消防栓。在使用消防栓灭火时，必须两人以上操作，当水带充满水后，一人拿枪，一人配合移动消防水带。

第二节 施工现场消防管理制度及相关规定

施工现场的消防安全由施工单位负责。实行施工总承包的，应由总承包单位负责。分包单位向总承包单位负责，并应服从总承包单位的管理，同时应承担国家法律、法规规定的消防责任和义务。施工现场建立消防管理制度，落实消防责任制和责任人员，建立义务消防队，定期对有关人员进行消防教育，落实消防措施。

1. 施工现场消防管理制度

（1）施工单位应编制施工现场灭火及应急疏散预案。灭火及应急疏散预案应包括下列主要内容：

1）应急灭火处置机构及各级人员应急处置职责；

2）报警、接警处置的程序和通讯联络的方式；

3）扑救初起火灾的程序和措施；

4）应急疏散及救援的程序和措施。

（2）施工人员进场时，施工现场的消防安全管理人员应向施工人员进行消防安全教育和培训。消防安全教育和培训应包括下列内容：

1）施工现场消防安全管理制度、防火技术方案、灭火及应急疏散预案的主要内容；

2）施工现场临时消防设施的性能及使用、维护方法；

3）扑灭初起火灾及自救逃生的知识和技能；

4）报警、接警的程序和方法。

（3）施工作业前，施工现场的施工管理人员应向作业人员进行消防安全技术交底。消防安全技术交底应包括下列主要内容：

1）施工过程中可能发生火灾的部位或环节；

2）施工过程应采取的防火措施及应配备的临时消防设施；

3）初起火灾的扑救方法及注意事项；

4）逃生方法及路线。

（4）施工过程中，施工现场的消防安全负责人应定期组织消防安全管理人员对施工现场的消防安全进行检查。消防安全检查应包括下列主要内容：

1）可燃物及易燃易爆危险品的管理是否落实；

2）动火作业的防火措施是否落实；

3）用火、用电、用气是否存在违章操作，电、气焊及保温防水施工是否执行操作规程；

4）临时消防设施是否完好有效；

5）临时消防车道及临时疏散设施是否畅通。

2. 施工现场消防管理规定

（1）施工现场动火作业

1）动火作业应办理动火许可证，动火许可证的签发人收到动火申请后，应前往现场查验并确认动火作业的防火措施落实后，再签发动火许可证；

2）动火操作人员应具有相应资格；

3）焊接、切割、烘烤或加热等动火作业前，应对作业现场的可燃物进行清理；作业现场及其附近无法移走的可燃物应采用不燃材料覆盖或隔离；

4）施工作业安排时，宜将动火作业安排在使用可燃建筑材料施工作业之前进行。确需在可燃建筑材料施工作业之后进行动火作业的，应采取可靠的防火保护措施；

5）裸露的可燃材料上严禁直接进行动火作业；

6）焊接、切割、烘烤或加热等动火作业应配备灭火器材，并应设置动火监护人进行现场监护，每个动火作业点均应设置1个监护人；

7）五级（含五级）以上风力时，应停止焊接、切割等室外动火作业，确需动火作业时，应采取可靠的挡风措施；

8）动火作业后，应对现场进行检查，并应在确认无火灾危险后，动火操作人员再离开。

（2）施工现场用电

1）电气线路应具有相应的绝缘强度和机械强度，禁止使用绝缘老化或失去绝缘性能的电气线路，严禁在电气线路上悬挂物品。破损、烧焦的插座、插头应及时更换；

2）电气设备与可燃、易燃易爆和腐蚀性物品应保持一定的安全距离；

3）距配电盘 2m 范围内不得堆放可燃物，5m 范围内不应设置可能产生较多易燃、易爆气体、粉尘的作业区；

4）可燃库房不应使用高热灯具，易燃易爆危险品库房内应使用防爆灯具；

5）电气设备不应超负荷运行或带故障使用。

（3）施工现场用气

1）储装气体罐瓶及其附件应合格、完好和有效；严禁使用减压器及其他附件缺损的氧气瓶，严禁使用乙炔专用减压器、回火防止器及其他附件缺损的乙炔瓶；

2）气瓶应保持直立状态，并采取防倾倒措施，乙炔瓶严禁横躺卧放；

3）严禁碰撞、敲打、抛掷、溜坡或滚动气瓶；

4）气瓶应远离火源，与火源的距离不应小于 10m，并应采取避免高温和防止曝晒的措施；

5）气瓶应分类储存，库房内应通风良好；空瓶和实瓶同库存放时，应分开放置，两者间距不应小于 1.5m；

6）瓶装气体使用前，应检查气瓶及气瓶附件的完好性，检查连接气路的气密性，并采取避免气体泄漏的措施，严禁使用已老化的橡皮气管；

7）氧气瓶与乙炔瓶的工作间距不应小于 5m，气瓶与明火作业点的距离不应小于 10m；

8) 冬季使用气瓶，气瓶的瓶阀、减压阀等发生冻结时，严禁用火烘烤或用铁器敲击瓶阀，严禁猛拧减压器的调节螺栓；

9) 氧气瓶内剩余气体的压力不应少于 0.1MPa，气瓶用后应及时归库。

第六章　施工现场应急救援基本知识

第一节　生产安全事故应急救援预案
管理相关知识

1. 生产安全事故应急救援预案的概念

生产安全事故应急救援预案是为了有效预防和控制可能发生的事故，最大程度减少事故及其损害而预先制定的工作方案。它是事先采取的防范措施，将可能发生的等级事故损失和不利影响减少到最低的有效方法。

2. 建筑施工企业生产安全事故应急救援预案的管理

施工单位的应急救援预案应经专家评审或者论证后，由企业主要负责人签署发布。施工项目部的安全事故应急救援预案在编制完成后报施工企业审批。

建筑工程施工期间，施工单位应当将生产安全事故应急救援预案在施工现场显著位置公示，并组织开展本单位的应急救援预案培训交底活动，使有关人员了解应急救援预案的内容、熟悉应急救援职责、应急救援程序和岗位应急救援处置方案。

建筑施工单位应当制定本单位的应急预案演练计划，根据本单位的事故预防重点，每年至少组织一次综合应急预案演练或者专项应急预案演练，每半年至少组织一次现场处置方案演练。

第二节　现场急救基本知识

1. 施工现场应急救护要点

（1）对骨伤人员的救护

1）不能随便搬动伤者，以免不正确的搬动（或移动）给伤者带来二次伤害。例如凡是胸、腰椎骨折者，头、颈部外伤者，不能任意搬动，尤其不能屈曲。

2）在需要搬动时，用硬板固定受伤部位后方可搬动。

3）用担架搬运时，要使伤员头部向后，以便后面抬担架的人可以随时观察其伤情变化。

（2）对眼睛伤害人员的救护

1）眼有异物时，千万不要自行用力眨眼睛，应通过药水、泪水、清水冲洗，仍不能把异物冲掉时，才能扒开眼睑，仔细小心清除眼中异物，如仍无法清除异物或伤势较重时，应立即到医院治疗。

2）如化学物质（如砌筑用的石灰膏）进入眼内，立即用大量的清水冲洗。冲洗时要扒开眼睑，使水能直接冲洗眼睛，要反复冲洗，时间至少 15min 以上。在无人协助的情况下，可用一盆水，双眼浸入水中，用手分开眼睑，做睁、闭眼、转动并立即到医院做必要的检查和治疗。

（3）心肺复苏术

心肺复苏术，是在建筑工地现场对呼吸心跳骤停病人给予呼吸和循环支持所采取的急救，急救措施如下：

1）畅通气道：托起患者的下颌，使病人的头向后仰，如口中有异物，应先将异物排除。

2）口对口人工呼吸：握闭病人的鼻孔，深吸气后先连续快速向病人口内吹气 4 次，吹气频率为每分钟 2～16 次。如遇特殊情况（牙关紧闭或外伤），可采用口对鼻人工呼吸。

3）胸外心脏按压：双手在放病人胸骨的下 1/3 段（剑突上

两根指），有节奏地垂直向下按压胸骨干段，成人按压的深度为胸骨下陷 4～5cm 为宜。一般按压 15 次，吹气 2 次。

4）胸外心脏按压和口对口吹气需要交替进行。最好有两个人同时参加急救，其中一个人作口对口吹气。

（4）外伤常用止血方法

1）一般止血法：凡出血较少的伤口，可在清洗伤口后盖上一块消毒纱布，并用绷带或胶布固定即可。

2）指压止血法：可用干净的布（没有布可以用手）直接按压伤口，直到不出血为止。

3）加压包扎止血法：用纱布，棉花等垫放在伤口上，用较大的力进行包扎。并尽量抬高受伤部位。加压时力量也不可过大，或扎得过紧，如以免引起受伤部位局部缺血造成坏死。

2. 建筑施工现场主要事故类型及救援常识

（1）触电事故及救援常识

1）发现有人触电时，不要直接用手去拖拉触电者，应首先迅速拉电闸断电，现场无电闸时，使用木方等不导电的材料或用干衣服包严双手，将触电者拖离电源。

2）根据触电者的状况现场进行人工急救（如心肺复苏），并迅速向工地负责人报告或报警。

（2）火灾事故及救援常识

1）最早发现者应立即大声呼救，并根据情况立即采取正确方法灭火。当判断火势无法控制时，要迅速报警并向有关人员报告。

2）根据火灾的影响范围，迅速把无关人员疏散到指定的消防安全区。作业区发生火灾时，可利用建筑物内楼梯、外脚手架上下梯、离火灾现场较远的外施工电梯等疏散人员。不得使用离火灾现场较近的外施工电梯，严禁使用室内电梯疏散人员。

3）当火势无法控制时，要及时采取隔离火源措施，及时搬出附近的易燃易爆物以及贵重物品，防止火势蔓延到有易燃易爆物品或存放贵重物品的地点。当有可能发生气瓶爆炸或火势已无法控制且危及人员生命安全时，迅速将救火人员撤离到安全地方，等待专职消防队救援或采取其他必要措施。

4）火灾逃生自救知识原则

如果发现火势无法控制，应保持镇静，判断危险地点和安全地点，决定逃生方法和路线，尽快撤离险地。

通过浓烟区逃生时，如无防毒面具等护具，可用湿毛巾捂住口鼻，并尽可能贴近地面，以匍匐姿势快速前进，如有条件可向头部、身上浇冷水或用湿毛巾、湿棉被，湿毯子等将头、身裹好再冲出去。

（3）易燃易爆气体泄漏事故应急常识

1）最早发现者应立即大声呼救，并向有关人员报告或报警。根据情况立即采取正确方法施救，如尝试采取关闭阀门、堵漏洞等措施截断、控制泄漏，若无法控制，应迅速撤离。

2）在气体泄漏区内严禁使用手机、电话或启动电器设备，并禁止一切产生明火或火花的行为。

3）疏散无关人员，迅速远离危险区域，治安保卫人员要迅速建立禁区，严禁无关人员进入，同时停止附近的作业。

4）在未有安全保障措施的情况下，不要盲目行动，应等待公安消防队或其他专业救援队伍处理。

（4）发现坍塌预兆或坍塌事故应急常识

1）发现坍塌预兆时，发现者应立即大声呼唤，停止作业，迅速疏散人员撤离现场，并向项目部报告。待险情排除，并得到有关人员同意后，方可重新进入现场作业。

2）当事故发生后，发现者应立即大声呼救，同时向有关人员报告或报警。项目部根据情况立即采取措施组织抢救，同时向上级部门报告。

3）迅速判断事故发展状态和现场情况，采取正确应急控制措施，判断清楚被掩埋人员位置，立即组织人员全力挖掘抢救。

4）在救护过程中要防止二次坍塌伤人，必要时先对危险的地方采取一定的加固措施。

5）按照有关救护知识，立即救护抢救出来的伤员，在等待医生救治或送往医院抢救过程中，不要停止和放弃施救。

（5）有毒气体中毒事故应急常识

1）最早发现者应立即大声呼救，向有关人员报告或报警，如原因明确应立即采取正确方法施救，但决不可盲目救助。

2）迅速查明事故原因并判断事故发展状态，采取正确方法施救。

如中毒事故必须先通风或戴好防毒面具方可救人；如缺氧，则要戴好有供氧的防毒面具才可救人。

3）救出伤员后按照有关救护知识，立即救护伤员，在等待医生救治或送往医院抢救过程中，不要停止和放弃施救，可进行人工呼吸，或输氧急救等。

4）现场不具备抢救条件时，立即向社会求救。

（6）高处坠落伤害急救常识

1）坠落在地的伤员，应初步检查伤情，不得随意搬动。

2）立即呼叫"120"急救医生前来救治。

3）采取初步急救措施：止血、包扎、固定。

4）注意固定颈部、胸腰部椎，搬运时保持动作一致平稳，避免伤员脊柱弯曲扭动加重伤情。

3. 施工现场报警注意事项

（1）按工地写出的报警电话，进行报警。

（2）报告事故类型。说明伤情（病情、火情、案情）等，好让救护人员事先做好急救的准备。如火灾报警时要尽量说明燃烧或爆炸物质、燃烧程度、人员伤亡、发生火灾楼层等情况。

（3）说明单位（或事故地）的电话或手机号码，以便救护车（消防车、警车）随时用电话通讯联系。

（4）可用几部电话或手机，由数人同时向有关救援单位报警求救。以便让各种救援单位都能以最快的速度到达事故现场。

第二部分 专业基础知识

第七章 沥青混凝土摊铺机的结构与工作原理

第一节 摊铺机概述

一、用途

沥青混凝土摊铺机（以下简称"摊铺机"）是对各种公路基层和面层材料进行摊铺作业的专用施工机械，其作用是将拌制好的沥青或水泥混凝土等材料均匀地摊铺在路面底基层上，并保证摊铺层厚度、宽度、路面拱度、平整度、密实度等达到施工要求。它广泛用于公路、城市道路、大型货场、机场码头等工程中沥青或水泥混凝土等材料的摊铺作业，可大幅度降低施工人员的劳动强度，加快施工进度，保证所铺路面的质量。摊铺机可与自卸车、压路机联合，进行沥青（水泥）混凝土摊铺机械化施工。

摊铺机还可用于摊铺各种材料的基层和面层，例如摊铺防护墙、铁路路基、PCC 基础层材料、稳定土等。本文以沥青混凝土摊铺机为主进行介绍。

现代沥青混凝土摊铺机采用全液压驱动和电子控制、中央自动集中润滑、液压振动、液压无级调节摊铺宽度等新技术，自动化程度高，操作简单方便。

二、分类

摊铺机通常可按下列几种方法进行分类：

1. 按行走方式分

摊铺机按行走方式分分为自行式和拖式两种。

自行式摊铺机有自身的行走传动系统，整机性能好，摊铺质量好，适用于各种等级公路施工，是应用最广泛的摊铺机。

拖式摊铺机工作时靠其他车辆牵引进行摊铺作业。它的结构简单，功能低，摊铺质量差，仅用于低等级公路施工或养护作业，二十世纪八十年代初我国已不再使用这种摊铺机。

2. 按行走机构分

摊铺机按行走机构分为履带式和轮胎式两种。

履带式摊铺机接地比压小，附着力大，摊铺作业时很少出现履带打滑现象，牵引力大，能抵抗料车的撞击，运行平稳，制动可靠。但是机动性差，行走速度低，转移场地不方便。履带式摊铺机多为大中型摊铺机和稳定土摊铺机，用于大型公路工程的施工。

轮胎式摊铺机行走速度较高，转移运行速度快，机动性能好。但是附着力较小，摊铺作业时易出现轮胎打滑现象。轮胎式摊铺机多为中小型摊铺机，主要用于道路修筑与养护作业。

3. 按传动方式分

摊铺机按传动方式分为机械式和液压式两种。

机械式摊铺机的行走系统、刮板输料系统和螺旋输料系统都是采用机械传动方式。这种摊铺机结构简单，成本低，摊铺质量较差，仅为中小型。

液压式摊铺机的行走系统、刮板输料系统、螺旋输料系统、振捣系统、振动系统等等所有传动系统都是采用液压传动方式，仅分动箱、减速器等为辅助机械传动。液压式摊铺机结构简单，能大幅度减速，大范围无级变速，运动平稳，机电液一体化，自动控制，操作省力，是应用最广泛的摊铺机，适用于各种等级公路施工。

4. 按功能分

摊铺机按功能分为沥青混合料摊铺机、稳定土摊铺机、多功能摊铺机、双层摊铺机和薄层摊铺机五种。

沥青混合料摊铺机摊铺的物料是各种沥青混合料。

稳定土摊铺机摊铺的物料是各种稳定土，摊铺厚度大，生产率高。

多功能摊铺机既能摊铺沥青混合料，又能摊铺稳定土。

双层摊铺机能同步摊铺沥青面层和下层。

薄层摊铺机是用于高等级公路磨耗层预防性养护的洒布和摊铺同步作业的摊铺机。

5. 按熨平装置延伸方式分

摊铺机分为机械加宽式和液压伸缩式两种。

机械加宽式摊铺机的熨平板是按摊铺宽度要求，用螺栓将各种固定宽度的熨平板组装而成。它具有结构简单，组合宽度大，整体刚度好，牵引阻力小等优点。大宽度摊铺机多为机械加宽式摊铺机，适用于高等级公路施工。

液压伸缩式摊铺机的熨平板是靠液压缸伸缩来无级调整伸缩熨平板的伸出长度，使熨平板达到施工要求的摊铺宽度。它具有调节方便省力，便于两机梯队摊铺等优点。但因结构复杂，整体刚度差，牵引阻力较大，所以最大摊铺宽度一般都不超过9m。

6. 按摊铺宽度分

摊铺机按摊铺宽度分为小型、中型和大型三种。

小型摊铺机最大摊铺宽度一般小于4.5m。

中型摊铺机最大摊铺宽度在5m～8m。

大型摊铺机最大摊铺宽度在9m以上。

三、型号编制方法

沥青混凝土摊铺机的型号编制目前国家还没有统一规定，但一般都由3部分组成。

第一部分为厂牌类型代号，用英文字母表示，如LT表示：履带式机械沥青混凝土摊铺机、LTY表示：履带式液压沥青混凝土摊铺机等。

第二部分为主参数代号，用数字如5、6、4500等表示，一般表示本机最大摊铺宽度（近似值）的米数或毫米数。

第三部分为变形或设计序号，用英文字母（如A、B、CA、

CB 等）表示。

四、摊铺机的主要性能参数

1. 技术参数

（1）发动机：BF6M1013 道依茨 6 缸水冷柴油发动机，在 230rpm 时根据 ISO 3046/1 其输出功率为 133kW（181HP），燃油箱容量 200L。

（2）最大摊铺宽度：12m。

（3）理论工作效率：最大 800t/h。

（4）摊铺层厚度：最大 300mm。

（5）驱动系统：2 个电子控制的闭式液压回路，每个回路包括一个变量泵和一个变量马达。通过应急系统可进行紧急控制。

（6）速度：无级变速，作业速度 0～16m/min，行走速度 0～3.6km/h（0～60m/min）。

（7）履带：有九个承重轮，通过橡胶履带板接地，接地面积 3085×320mm。

（8）料斗：液压控制收放，容量约 14t。

（9）混合料输送系统：输送带和布料器可独立驱动。输送带由料位传感器控制，布料器由超声波传感器控制。布料器可调节高度。布料器通过中央布料器驱动装置驱动。

（10）接近角度：13°。

（11）离去角度：布料器在高位 17°；布料器在中位 13°；布料器在低位 9°。

（12）外形尺寸：运输宽度为熨平板的基本宽度 2.50m。

（13）重量：采用 VDT121 熨平板：2.50m 时约 19.0t 12.00m 时约 25.6t。

2. 摊铺机同类产品性能对比分析表

序号	项目	徐工 RP1356	VOLVO 8820	三一 LTU120F	中联 LTU120D
1	发动机型号	DEUTZ TCD2013L062V	DEUTZ TCD2013L062V	DEUTZ TCD2013L062V	DEUTZ BF6M1013C

序号	项目		徐工 RP1356	VOLVO 8820	三一 LTU120F	中联 LTU120D
2	发动机功率		182kW/2000rpm	182kW/2000rpm	170kW/1800rpm	161kW/2300rpm
3	摊铺宽度		2.5～12m	2.5～12.0m	2.5～12.0m	2.5～12.0m
4	摊铺厚度		0～350mm	0～300mm	10～300mm	0～300mm
5	摊铺速度		0～18m/min	0～18m/min	0～20m/min	0～16m/min
6	行走速度		0～2.4km/h	0～3.6km/h	0～3.0km/h	0～3.3km/h
7	平整度		＜2mm/3m	＜2mm/3m	＜2mm/3m	＜2mm/3m
8	拱度调节		-1～+4%	-2～+4%	-1～+3%	-1～+3%
9	振捣振幅 mm	主	5	5	单振捣 0、5、10	3、4、5、7、8
		副	0、3、6、9、12	0、3、6、9、12		0、3、6、9、10、12
10	熨平板型号		M250DVG	VDT121	—	YJ120A
11	料斗容量		14t	14t	14t	14t
12	理论生产率		900t/h	900t/h	800t/h	900t/h

第二节　摊铺机结构与工作原理

摊铺机的规格型号很多，各类型摊铺机的结构不完全相同，一般由动力系统、液压系统、机械传动、电气控制、行走机构、机架、料斗、刮板输料器、螺旋输料器、振捣机构、振动机构和熨平装置等组成（图7-1）。以 LT1200 型摊铺机和 DT1300 型多功能摊铺机为例分述如下：

一、动力系统

动力系统作为摊铺机的核心部件，为摊铺机复杂的各个系统提供驱动力，首先要求一台高品质高可靠性的发动机，高质量高可靠性的联轴器，高质量高可靠性的分动箱，由这几个部件组成摊铺机动力源来驱动液压系统的各个泵组，达到液压动力输出的功能。

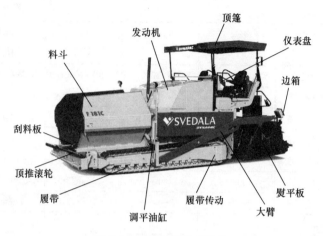

图 7-1 摊铺机的组成结构

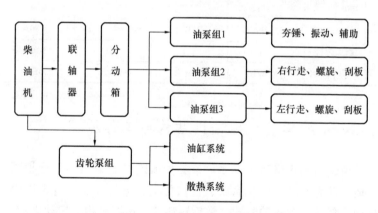

图 7-2 摊铺机动力传递路线

　　发动机为整机的动力源，横向置于机架的右前方，通过弹性支座固定在支架上。支架通过三个弹性垫与机架相连接。发动机的飞轮壳上悬挂安装着分动箱。发动机飞轮通过弹性联轴器将动力传递给分动箱。分动箱有四个动力输出端，将动力分流给四个多联通轴泵。四个多联通轴泵直接安装在分动箱上（图 7-2）。

　　联轴器是将发动机的动力输出传递出来的必要部件，尽管联轴器本身的价值有限，但是由于联轴器所安装的位置和它所承担的任务的重要性使之成为一个绝对的核心部件（图7-3）。如果联轴器发生问题而需要维修时，由于它安装位置处于摊铺机的核心，要想进行维修就必须拆卸大量其他零部件，甚至要将摊铺机彻底拆卸零散。所以在联轴器的选择中，其可靠性指标成为最为重要的因素。联轴器选择时要考虑的技术因素还有：连接部位的柔性消除振动及噪声的能力，对于两端不同轴度的不能过于敏感，即联轴器应该能够消化部分不同轴带来的危害；以高可靠性来保证联轴器在摊铺机的大修周期内不至于损坏。

图7-3 摊铺机联轴器

由于摊铺机是一个复杂的综合系统，每一个子系统都需要相关的动力输出，而发动机的主输出只有一个，因此需要一个装置来把一个动力分解成几个输出形式，以满足摊铺机的各个系统独立的驱动要求，分动箱就是这个装置。分动箱的功用就是将发动机的动力输出分为三路（或者若干路），分别安装连接三组主油泵组，为多个系统提供动力。发动机的动力经分动箱传递到各大系统，而分动箱的安装位置处于整个系统的核心，分动箱的可靠性对于整机来说是至关重要的，如果分动箱一旦出现故障整机就彻底没有动作，而且在其进行维修时，必须将所有系统的泵组拆卸，总之维修极为不便。

1. 动力装置（内燃机）

不同厂家的摊铺机采用不同型号的发动机。发动机种类繁多，但其结构大体相同，通常由机体和曲轴连杆机构、配气机构、燃料系统、冷却系统、润滑系统等组成。

（1）内燃机型号编制规则

为了便于识别内燃机的机型、规格和结构特点，国家制订了相关的内燃机产品名称和型号编制规则。内燃机名称按其所采用的燃料名称命名。如：柴油机、汽油机、天然气机等。内燃机编号反映内燃机的主要结构特征及性能。如：6135Z 型柴油机：表示 6 缸、四冲程、缸径 135mm、水冷、增压。12V135ZG 柴油机：表示 12 缸、V 型、四冲程、缸径 135mm、水冷、增压、工程机械用。

（2）常用术语，如图 7-4 所示

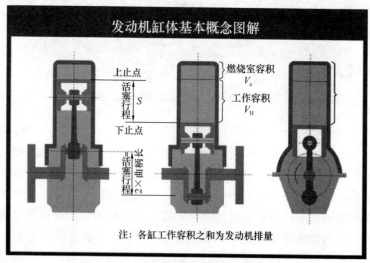

图 7-4　内燃机常用术语

上止点：活塞顶部距离曲轴中心线最远位置。

下止点：活塞顶部距离曲轴中心线最近位置。

冲程：活塞在上下止点间运动的过程。

活塞行程：上下止点间的距离。对于气缸中心线通过曲轴中心的发动机，其活塞行程等于曲柄半径的两倍。

气缸工作容积：在1只气缸内，活塞从上止点到下止点所让出的气缸容积。

内燃机工作容积：内燃机全部气缸工作容积之和，也称为排量。

燃烧室容积：当活塞位于上止点时，活塞上方的空间称燃烧室，其容积称为燃烧室容积。

气缸总容积：当活塞位于下止点时，活塞顶上方的全部容积。气缸总容积等于气缸工作容积与燃烧室容积之和。

压缩比：气缸总容积与燃烧室容积之比称为压缩比。压缩比表示气缸内的气体被压缩后，其容积缩小的程度。柴油机的压缩比一般为16～22。

内燃机的工作循环：在内燃机的工作中，将燃料燃烧发出的热能不断地转化为机械能，这种连续过程叫做内燃机的工作循环。内燃机的每一工作循环，分进气、压缩、做功、排气四个过程，如图7-5所示。

（3）发动机工作原理

发动机是一种能量转换机构，它将燃料燃烧产生的热能转变成机械能。那么，它是怎样完成这个能量转换过程，把热能转换成机械能的呢？要完成这个能量转换，必须经过进气、压缩、做功、排气四个过程，即把可燃混合气（或新鲜空气）引入气缸，压缩可燃混合气（或新鲜空气），至接近终点时点燃可燃混合气（或将柴油高压喷入气缸内形成可燃混合气并引燃），着火燃烧的可燃混合气受热膨胀推动活塞下行实现对外做功，最后排出燃烧后的废气。把这四个过程叫做发动机的一个工作循环。工作循环不断地重复，就实现了能量转换，使发动机能够连续运转。把完

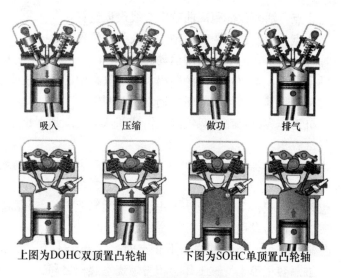

吸入　　　　　　压缩　　　　　　做功　　　　　　排气

上图为DOHC双顶置凸轮轴　　　　下图为SOHC单顶置凸轮轴

图 7-5　内燃机的工作循环

成一个工作循环，需要曲轴转两圈（720°），活塞上下往复运动四次的发动机称为四冲程发动机，如图 7-6 所示。

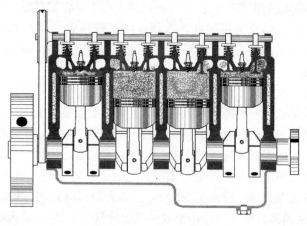

图 7-6　发动机工作原理

柴油机与汽油机的最大区别是汽油机的着火方式为点燃式，因此需要点火系统，而柴油机的着火方式为压燃式，不需要点火系统。

（4）多缸柴油机工作过程

四冲程柴油机每个工作循环中只有燃烧膨胀冲程才做功，而进气、压缩和排气三个辅助冲程不但不做功，而且还消耗一部分功，用来压缩气体和克服进、排气时的阻力。因此。在柴油机运行时，由于各冲程中有的获得能量而有的消耗能量，造成转速不均匀，有时加速有时减速。为了提高柴油机运转均匀性，通常采用两种方法：一是在曲轴上安装飞轮；二是采用多缸结构形式。

（5）结构组成

内燃机种类繁多，但其结构大体相同，通常由机体和曲轴连杆机构、配气机构、燃料系统、冷却系统、润滑系统等组成。

（6）机体和曲轴连杆机构

机体和曲轴连杆机构的作用是将燃料燃烧产生的热能转换为推动活塞做直线运动的机械能，把活塞往复运动转变为曲轴旋转运动，并向外输出动力。

机体和曲轴连杆机构主要由机体、活塞连杆组和曲轴飞轮组三部分组成。

机体的作用是作为发动机各机构、各装配件进行装配的基体，而且其本身的许多部分又分别是曲柄连杆机构、配气机构、供给系统、冷却系统和润滑系统的组成部分。主要由气缸体与上曲轴箱、气缸套、气缸盖、气缸垫、下曲轴箱等组成，如图 7-7 所示。

活塞连杆组是将热能转化为机械能，把活塞高速直线往复运动转变为曲轴旋转运动的传力机构。活塞连杆组由活塞、活塞环、活塞销、连杆等机件组成。

曲轴飞轮组的主要机件是曲轴和飞轮。曲轴是柴油机的主要零件之一。其作用是将连杆传来的力变为旋转的扭矩输出，同时还要通过连杆推动活塞，完成进气、压缩和排气工作，并驱动配气机构和其他辅助装置工作。飞轮用来储存做功冲程的部分能量，克服辅助冲程阻力，保持曲轴转速均匀，向外输出动力。

凸轮轴
凸轮
复位弹簧
气门
正时皮带
气缸
活塞
曲轴

图 7-7　柴油机机体

在曲轴上还装有驱动配气机构的正时齿轮和驱动风扇、水泵等机件的皮带轮，飞轮上通常刻有第一缸喷油正时记号，以便校正喷油时间。下曲轴箱又称油底壳或机油盘，用于盛机油并保护曲轴等机件不被灰尘污染。

（7）配气机构

配气机构的作用是按照内燃机各缸工作冲程的要求，定时开启和关闭进、排气门。进气门开启使新鲜空气进入气缸，排气门开启使燃烧后的废气排出气缸，气缸的关闭使气缸密封，如图7-8所示。

配气机构由气门组和传动组组成。气门组由气门、气门座、气门导管、气门弹簧、弹簧座和锁片等零件组成。传动组主要包括凸轮轴、正时齿轮、推杆、挺杆、摇臂和摇臂轴及其支架等零件。

（8）燃油供给系统

柴油机燃油供给系统的作用是根据柴油机不同负荷的需要，定时、定量、定压地将清洁的雾化良好的柴油，按一定的喷油规律喷入燃烧室，与被压缩的高温高压空气混合，形成可燃混合气自行燃烧，并将燃烧后的废气排入大气中去。

燃油供给系统一般由进排气装置、供油装置两部分组成。进

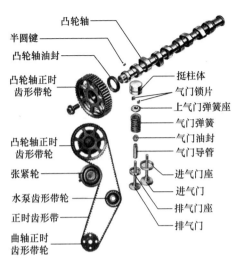

凸轮轴

半圆键

凸轮轴油封

凸轮轴正时
齿形带轮

挺柱体

气门锁片

上气门弹簧座

气门弹簧

气门油封

凸轮轴正时
齿形带轮

气门导管

张紧轮

进气门座

水泵齿形带轮

进气门

正时齿形带

排气门座

曲轴正时
齿形带轮

排气门

图 7-8　配气机构

排气装置由空气滤清器、进排气歧管和消声器等组成。供油装置由低压油路和高压油路两部分组成。低压油路包括：柴油箱、柴油滤清器、输油泵、低压油管等。高压油路包括：喷油泵、喷油器、高压油管和调速器等。

输油泵的作用是保证柴油在低压油路内循环，并供应足够数量及一定压力的柴油给喷油泵。

燃油滤清器的作用是在柴油进入喷油泵之前，清除其中的杂质和水分，为保证喷油泵和喷油器的可靠工作并延长其使用寿命，燃料供给系统都设有滤清器。

喷油泵的作用是根据柴油机的不同工况，定时、定量地向喷油器输送高压燃油。

调速器的作用就是根据柴油机负荷及转速变化对喷油泵的供油量进行自动调节，以保证柴油机能稳定运行，如图 7-9 所示。

（9）冷却系统

柴油机工作时，由于燃料的燃烧以及运动零件间的摩擦产生大量的热量，使零件受热而温度升高，特别是直接与高温气体接

图 7-9　柴油机调速器

触的零件若不及时冷却则会造成机件卡死和烧损。因此，必须对高温条件下工作的零部件进行冷却。

　　冷却系统的作用是保证柴油机在最适宜的温度（80℃～90℃）状态下连续工作。柴油机冷却系统按所用冷却介质不同有水冷和风冷之分，如图 7-10 所示。

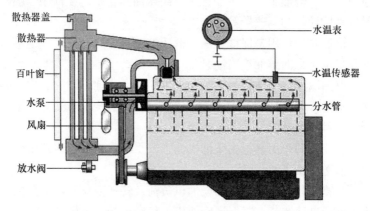

图 7-10　冷却水路

　　目前大部分内燃机都采用压流式冷却。压流式冷却系统由百叶窗、散热器、风扇及皮带、水泵、节温器、水温表和水套等组成。冷却系统中应加注清洁的软水，如河水、雨水、自来水等。如果加注硬水，如泉水、井水中含有大量矿物质，这些物质在高温时易分解，冷却后会从水中沉淀下来，在散热器和水套中形成水垢，甚至使水套生锈，降低散热效能。

（10）润滑系统

柴油机工作时，各零件表面都是以很小的间隙做高速、相对运动的，互相之间剧烈摩擦，产生高温，甚至烧毁机械零件。为了保证柴油机正常工作，必须对运动的零部件表面加以润滑，如图 7-11 所示。

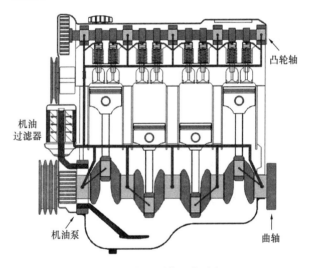

图 7-11　润滑系统工作路径

润滑系统的作用是将清洁的、压力和温度适宜的润滑油送至柴油机各摩擦表面进行润滑，并将各摩擦表面流出的润滑油回收，经冷却和滤清后循环使用，从而起到下列作用：

1）润滑作用

使零件的两个摩擦表面之间形成一定的油膜，减少磨损和功率损失。

2）冷却作用

润滑油在润滑各摩擦表面的同时，吸收各摩擦表面的热量，降低各摩擦表面温度。

3）清洁作用

润滑油在循环流动中，可清除摩擦表面的磨屑，并将其带走。

4）密封和防锈作用

附着于零件表面的油膜还可以提高零件的密封效果并防止氧化锈蚀。

柴油机工作时，由于各运动机件的工作条件和所承受的载荷和相对运动的速度不同，所要求的润滑强度也不相同，因而应采用相应的润滑方式。常见的润滑方式有压力润滑、飞溅润滑和定期加注润滑脂等。

曲轴轴承、连杆轴承、凸轮轴轴承及摇臂轴等均采用压力润滑。

气缸壁、配气机构的凸轮、挺杆等均采用飞溅润滑。

柴油机辅助系统中的水泵、发电机轴承等，由于载荷小，而且摩擦损失不大，只需定期加注润滑脂。

（11）柴油机新技术

现代先进的柴油机一般采用电控喷射、共轨、涡轮增压中冷等技术，在质量、噪声、烟度等方面已取得重大突破，达到了汽油机的水平。

1）电控喷射

电控系统随着对施工机械施工质量与生产效率的要求不断提高，传统的机械传动以及机械液力式调节方式已不能满足施工机械用柴油机的要求。因此，根据使用工况自动控制喷油量及喷油时间的电子控制装置和能够高压喷射的组合蓄压式喷射装置等已在施工机械用柴油机上使用。

2）新材料的开发与应用

随着施工机械用柴油机强化程度的不断提高，使轴承的脉动负载增大，要求轴承材料有更好的抗疲劳性、承载能力和耐磨性。奥地利 MIBA 公司研制的以铝锡合金为基体的 AL-Sn4.5Mg 减摩层，既有高耐磨性，又有良好的热稳定性，从而提高了高温工作时的抗疲劳性。该公司还采用阴极真空镀膜法在轴承工作表面镀上 AL-Sn20 的新工艺，使轴承兼有磨合性好、耐磨性好和抗疲劳性好的优点。试验结果表明，其可靠性和使用寿命均得到大幅度的提高。

二、液压系统

摊铺机液压系统尽管相当复杂，但是考虑到使用维修等各种因素，早期摊铺机由许多各自独立子系统组合在一起，这样一方面简化了系统生产制造的难度，另一方面为使用和维修提供了方便，在任何时候对于故障的判断都可以针对个别子系统来单独处理，从而彻底简化了摊铺机的故障判断和维修难度。由于子系统的应用，需要许多独立的动力输出来保证，分动箱的三个输出上可以安装三组泵，每一组泵都有三个泵，这样仅分动箱就可以为9个子系统提供动力；另外发动机还有其单独的辅助输出口，这里也可以安装一组泵，又可以为 1 到 2 个子系统提供动力。

如图 7-12 所示，安装在分动箱最上面一组泵由内向外分别为夯锤泵、振动泵、提升油缸和料斗油缸的泵，下面两组由内向

图 7-12　摊铺机分动箱

外分别控制左右行走泵、左右螺旋泵和左右刮板泵。由发动机辅助输出口直接带动的双联齿轮泵分别控制调平油缸和散热系统等。

任何全液压的工程机械都有大量的液压管线，这些管线就像人的血管一样连接着各个系统的液压元器件，对于液压管线来说有两个重要的指标，首先要考虑的是液压管本身的质量性能以及长期使用的可靠性；其次就是必须考虑安装过程中这些液压管线内的清洁度的控制。液压油箱作为一个结构部件，制造难度并不大，但是对于任何全液压的工程机械的液压油箱来说，都有一个共同的特点，那就是箱体内部清洁度必须达到很高的要求，因此液压油箱的内表面处理工艺有着严格的要求；另外液压油箱内安装了多个滤清器，在安装和使用维修过程中必须谨慎处理以免造成滤清器的破损。

1. 刮板液压系统

刮板液压系统包含的主要元器件有：齿轮泵、电磁阀、单向阀、溢流阀、液压马达，以及相应的高品质液压管路等。由于用齿轮泵作为刮板液压系统的动力源，它所输出的液压油必须经过各个阀之后才能完成相应的控制，然后以这含有控制信息的液压油就可以用来驱动液压马达完成刮板系统的工作。

2. 螺旋液压系统

螺旋液压系统包含的主要元器件有：柱塞泵、液压马达以及相应的高品质液压管路等。由于采用了柱塞泵作为螺旋液压系统的动力源，而柱塞泵上本身自带着一个电磁阀，因此它具备相应的控制功能，其输出的液压油已经包含了相关的控制信息，这样就可以直接用来驱动螺旋马达来完成螺旋系统的工作。

3. 行走液压系统

行走液压系统包含的主要元器件有：柱塞泵、液压马达以及相应的高品质液压管路等，另外还有一个制动器液压释放小系统。行走系统与螺旋系统相同，也采用了柱塞泵作为其液压系统的动力源，而柱塞泵上本身自带着一个电磁阀，因此它具备相应的控制功能，其输出的液压油已经包含了相关的控制信息，这样就可以直接用来驱动行走马达来完成行走系统的工作。另外，有关制动器的液压释放小系统就更为简单，仅仅是从整机某个具备合适压力的子系统中引一路液压油与制动器释放接口相连，连接相应的阀即可。

4. 夯捶液压系统

夯捶液压系统包含的主要元器件有：柱塞泵、液压马达以及相应的高品质液压管路等，夯捶系统与螺旋和行走系统相同，也采用了柱塞泵作为其液压系统的动力源，而柱塞泵上本身自带着一个电磁阀，因此它具备相应的控制功能，其输出的液压油已经包含了相关的控制信息，这样就可以直接用来驱动行走马达来完成夯捶系统的工作。

5. 振动液压系统

振动液压系统包含的主要元器件有：柱塞泵、液压马达以及相应的高品质液压管路等，振动系统与螺旋和行走系统相同，也采用了柱塞泵作为其液压系统的动力源，而柱塞泵上本身自带着一个电磁阀，因此它具备相应的控制功能，其输出的液压油已经包含了相关的控制信息，这样就可以直接用来驱动行走马达来完成振动系统的工作。

三、机械传动系统

机械传动系统主要由分动箱、减速器、链传动等组成。分动箱安装在发动机飞轮壳上。行走系统的行星齿轮减速器上直接安装着行走马达，一起内藏在驱动轮毂内，所传递的动力经安装在轮毂外圈上的驱动轮驱动履带。刮板输料系统的减速器上直接安装着摆线马达，左、右分置固定在机架后墙板内侧，所传递的动力再经链传动驱动刮板链。在机架后墙板后侧安装着螺旋输料系统的链轮箱，链轮箱的上部左、右分置安装着螺旋马达，下部有两个链轮分别驱动左、右螺旋。

四、电气控制系统

电气控制系统主要由电气控制箱、控制器、仪表盘等组成。

电气控制箱、速度恒速控制器及仪表都安装在操纵台上。仪表盘上有速度预选旋钮、振捣频率预选旋钮、振动频率预选旋钮、转向预选旋钮和主操纵杆，有刮板、螺旋、熨平装置、自动调平、振捣、振动等控制开关，有各种仪表及报警灯。刮板和螺旋的应急控制按钮、左右大臂油缸的应急控制按钮、报警应急控制按钮都安装在熨平装置的左右两端。自动调平控制器安装在熨平装置外侧。

五、行走机构

行走机构主要采用履带式行走机构，如图7-13所示。摊铺机的行驶由双级式变量液压马达进行驱动，分为快、慢两级速度，可通过主控制台予以设定。摊铺行驶速度分为"作业速度"和"转场速度"。

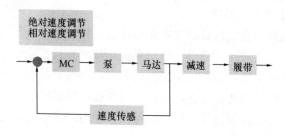

图7-13　摊铺机行走机构

由于液压驱动装置采用变量柱塞泵，因此摊铺作业和自行转移的行驶速度可无级调节。根据实际工况的需要，机手通过调节主控制台上的行驶速度电位器，确定最大行驶速度，同时行驶操纵杆也是速度微调手柄，可确定速度预选值。机器行驶转向可通过主控制台上的转向电位器进行控制。当摊铺机在弯道上行驶时，旋转转向电位器以改变左右变量泵的输出排量，使左右履带速度发生变化（一侧履带增速，一侧履带减速），而且左右速度等值增减，这样可保证摊铺机以恒定的平均速度实现转向。摊铺机的行驶方向可通过操纵杆予以设定。正常运行时，变量柱塞泵按照电位器预先设定的行驶速度和转向数值供给所需油量。行驶系统还装备有一套应急控制装置，以保证在电子控制装置或速度传感器出现故障的情况下仍可继续作业。摊铺机的制动器：在摊铺机的行走减速器中设计有一个制动器，该制动器是弹簧储能型制动器，制动器的打开与锁死依靠液压系统的一路油压来完成控制，因此，制动器只能在下述情况下起作用：当行驶操纵杆位于"中间"位置时，通往制动器的液压油被切断，制动器自动锁死；另外当柴油发动机熄火的情况下，液压系统失去压力，制动器自动锁死。

履带链轨作为一种特殊的链条，和所有链传动机构相同，必须具备张紧功能。而事实上履带链轨的张紧与否对于摊铺机行走运行有非常敏感的影响，如果履带张紧力过大，会导致摊铺机在行走过程中出现振动并发出剧烈冲击声响；如果履带张紧力不足，摊铺机在转弯或者在坡道横向行驶时可能会出现履带脱轨现象。另外，摊铺机行走时会遇到不同的障碍阻力，要求履带必须有能力吸收部分冲击负荷，这样就需要履带的张紧有一定的弹性空间；因此摊铺机的履带张紧机构不仅要具备足够大的的张紧力，同时还必须具备弹性来吸收不同工况下的冲击的功能。

摊铺机工作的最终质量指标是路面平整度、纵波消除效果、横波消除效果以及物料无离析达到的均匀性等等，而要达到这一切就需要一个运行稳定的工作平台来安装并保证各种传感器以及控制元器件的正常工作。摊铺机的主机机架就是这个平台，而摊铺机直线行驶的平稳性就是这个工作平台运行稳定的重要指标。如果摊铺机行驶不能达到足够的直线性，会导致摊铺质量控制的纵向基准变化，从而影响纵波及横波控制效果；另外，由于摊铺机运行直线性直接影响道路边缘的外观直线性，因此摊铺机的行驶直线性是摊铺机综合性能的评价指标中的重要指标之一。

摊铺机的行走系统是左右各自独立的一套由液压马达驱动的履带行走机构组成，分别控制左右两侧的液压马达的转速就可以达到行驶过程中与方向有关的所有目的，比如行驶途中的转向、原地转向以及保持直线性行走等工作要求。在摊铺机左右两侧行驶系统的液压马达上，设计安装有各自的速度传感器，用来检测各自马达的即时转速，检测数据信号通过电缆连接到摊铺机的主控制器上，主控制器根据对两侧信号的比对结果发出相关指令分别控制两侧马达的油路来调整马达的各自转速，从而达到控制摊铺机行走直线性的目的。当摊铺机在直线行驶时，两侧马达的转速是完全相同的，则传感器采集并传输给控制器的比对信号也是完全相同的，这时控制器就无需发出任何调整指令，摊铺机保持原状态继续行驶；当摊铺机工作工程中行驶出现偏离直线的情况时，两侧马达的转速必然出现差异，则传输给控制器的信号经过比对自然也会存在差异，这时控制器会自动发出调整指令，控制相对较慢一侧的马达加速，或者控制相对较快一侧的马达减速，从而达到将偏离直线的摊铺机调整回基准直线的目的。

六、机架

机架为钢板和型钢焊接在一起的整体式钢性框架。它是摊铺机的承重构件。机架的前端板上设有左右两个闸门，由各自的丝杆调节开启高度，以控制物料的输料量。机架的前面安装着由两扇活动的斗壁组成的料斗，用来接收料车卸下的物料。机架的前端安装着配重、摆动梁及活动推辊。

七、刮板输料器

刮板输送器如图 7-14 所示，位于摊铺机机架的中间，料斗的底部，是摊铺机的供料机构。左右侧刮板输送器由两个齿轮泵分别驱动，通过开关式电磁阀驱动马达。马达与行星减速机相连，动力经链条传给驱动轴带动输送链运转。

左右刮板输送器每侧均有一个独立的液压驱动装置，可手动或自动控制。刮板系统是由液压泵、马达、行星减速机、链轮、传动链条、输送链条、张紧装置、电磁阀、行程开关等组成。液压驱动的动力由液压马达提供，通过行星减速器输出链轮、传动链条来驱动刮板驱动轴，驱动轴两端的链轮驱动刮板输送链完成物料输送的工作目的。

左右侧刮板输送器由两个齿轮泵分别控制，通过开关式电磁

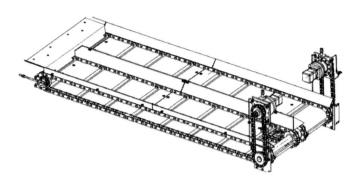

图 7-14　摊铺机刮板输送器

阀驱动马达。马达与行星减速机相连，动力经链条传给驱动轴带动输送链运转。刮板系统的运行分手动控制方式和自动控制方式。手动工作状态通过主控制台上的操作，分别控制对应的电磁阀。来控制刮板输送器工作运行及停止。自动工作状态时，刮板输送器的运转由料位传感器（料位拍）控制。当物料存量正常时，系统处于运行状态，当料位传感器检测到物料的料位超出应有的水平时，料位传感器会自动触动一个行程开关，系统将自动停止刮板液压动力的来源使刮板停止运行，直至物料消耗料位恢复正常水平时，料位传感器会自动释放行程开关，系统将自动启动液压动力来使刮板重新开始运行。另外在熨平板的外端，左右都配有一个外控台，在特殊情况下可通过外控台对刮板系统进行临时干预控制，即进行"急停"和"点动"控制。

刮板输送链实际上就是一组链条，从机械传动的角度看就是一个链传动机构，任何形式的链传动都无一例外的应该有链条张紧机构，而刮板输送链的结构是两条链条组合体，所以它的张紧就是以一个张紧轴来替代一般情况下的张紧轮。张紧机构的结构形式如图 7-15 所示。每组输送链都由张紧轮轴来张紧，张紧轮轴的两端由两个螺杆向前张紧，对输送链的张紧程度的检测可以俯身目测摊铺机机架下面输送链的下垂度，一般情况下，下垂度在 50mm 左右即可，最大不得大于 70mm。

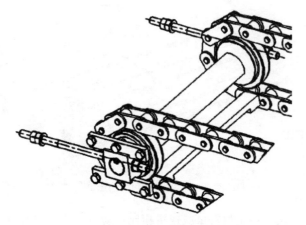

图 7-15　摊铺机齿轮泵

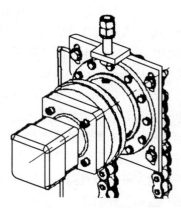

图 7-16　摊铺机刮板输送链

刮板驱动链条的张紧是通过移动减速器安装板的形式来完成的，当刮板驱动链条需要张紧时，首先松开四个安装螺栓（机架外侧锁紧螺母必须首先松开），然后操作减速器安装板上部中间的张紧螺母逐步将减速器整体向上提起，直至检测链条达到所需的张紧程度（在两条中间部位用工具横向加力链条的横向位移最大部超过 6mm 即可）后，逐一紧固四个安装螺栓，特别要提醒的是，这四个安装螺栓将承受减速器工作时的各种力，应该确保紧固。为了防止松动，最后锁紧机架外侧的四个锁紧螺母，完成对刮板驱动链的张紧。其作用是把刮板输送器送来的摊铺材料左右横向均匀地输送至全幅宽度。左右侧布料器由两个带比例阀的柱塞变量泵分别控制，驱动马达、马达与行星减速机相连，动力经链条传给大链轮，分别带动左右螺旋轴体运转。

八、螺旋输料器

螺旋输料器通过支撑连接在主机尾部。它分左、右两段，分别向外侧输料。螺旋的离地高度可根据摊铺的厚度进行调节。螺旋采用变径叶片递减式连接，第一支撑以内为外径 $\phi420$ 叶片，第一支撑到第二支撑为外径 $\phi360$ 叶片，第二支撑以外为外径 $\phi320$ 叶片，以适应均匀输料。螺旋叶片采用分段装配式，每一个螺距分为两节，通过螺栓对开连接在传动轴上。左右螺旋位于里侧的端头，装有反向叶片，用以向中间填料。在螺旋的最外端安装着料位控制器，对输料量进行比例控制。

基宽螺旋输料器的结构如图 7-17 所示，基宽螺旋作为螺旋布料器的基本部分，为螺旋布料器提供驱动力，同时作为安装基础为加长螺旋部分提供安装点，并提供驱动输出口，其系统主要包括部件有：变量柱塞泵、液压马达、行星减速机、链轮、传动链条、螺旋输出轴体、基宽螺旋轴体等零部件。两侧螺旋轴体所安装的螺旋叶片的旋向相反，在螺旋转动过程中通过螺旋叶片

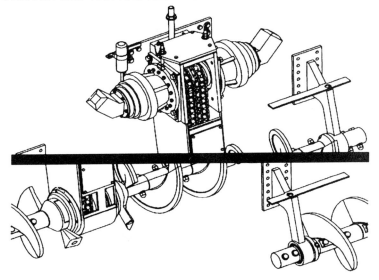

图 7-17　摊铺机基宽螺旋输料器

之间的空间将物料向外侧推动，达到均匀输送物料至全幅宽度的目的。

螺旋驱动链条的张紧螺旋驱动链条的结构形式与前面刮板驱动链条的张紧结构完全相同，因此其张紧操作完全类似，在此不做重复叙述。

加长螺旋系统（图7-18）可根据摊铺宽度的不同，选用不同的螺旋轴和螺旋挡板，组合到合适的宽度进行摊铺。

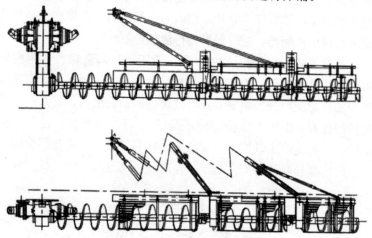

图7-18　摊铺机加长螺旋系统

加长螺旋布料器主要的部件有：加长螺旋体（根据需要若干节）、螺旋挡板（根据需要若干块）、侧拉杆（根据需要1到2根）、水平拉杆及插销（根据需要1到2套）、小拉杆（根据需要）、轴体连接过渡套、插接螺旋体、防护栏杆等。

螺旋的料位传感器是用来控制相对应一侧螺旋布料器的螺旋轴的转速，以达到控制物料流量的目的，如图7-19所示。由于采用的是先进的超声波传感器，故无需接触摊铺物料就可测定材料需求量，从而调整变量泵排量，控制螺旋布料器的转速。料位传感器是一个超声波传感器，安装在螺旋外侧熨平板的边板上，将超声波照射角度以及照射距离调节至合理的位置，使得螺旋的物料槽内的物料可以覆盖 2/3 螺旋叶片直径为最佳。

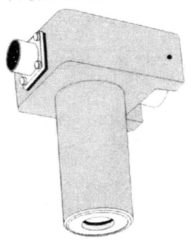

图 7-19　摊铺机料位传感器

　　螺旋布料器的控制分手动控制和自动控制两种模式，手动控制通过直接干预螺旋液压系统，使物料快速达到基本运行所需的水平，也可以在人工操作下连续工作，但是要求控制人员有良好的技术素质。而自动控制通过超声波物料传感器根据摊铺物料的多少自动控制螺旋转速。超声波物料传感器的工作原理是利用超声波在空气中的传送时间，实时计算出料位的高度，通过电流控制螺旋的速度，以达到对摊铺厚度的控制。螺旋布料器的控制直接影响物料的均匀性，从而影响摊铺机工作的质量，因此螺旋布料器的现场调节是一个十分重要的环节，调节的常用指标有：螺旋的转动速度要求平稳；物料在布料器中的料位高度要求连续并覆盖 2/3 螺旋叶片直径；料位高度过高会导致螺旋驱动阻力过大而停机，料位过低会导致熨平板下的物料出现空洞影响摊铺质量。

　　九、振捣机构

　　双夯振捣机构安装在熨平板架前面。前振捣梁的冲程为 0、3、5、7mm，可根据不同的摊铺材料合理选择。后振捣梁的冲程为5mm，不可调节。整机设置一个振捣源，熨平板各组装段的振捣轴用联轴器相连接，相互之间错位一个相角，可保持运动平稳，减小启动冲击。

十、振动机构

为了使物料摊铺在路面上之后有一个初始的密实度，摊铺机的熨平板设计是振动系统，振动器安装在熨平板上，其振动轴可以在轴承座内转动，振动轴具有一定的偏心量，高速运转时会产生离心力，使熨平板产生振动，对熨平板产生振动压实和平整的作用；振动器振动频率的调节范围：0～50Hz，无极调节；振动机构通常由一系列分布于不同熨平板上的振动器与振动驱动机构共同构成。根据具体情况，分装于不同熨平板上的振动器常采用梅花型联轴器或十字轴万向联轴器联为一整体，并保证各振动器的相位一致，以达到最佳的振动效果。

振动器（图7-20）主要由轴承座、偏心轴、联轴器等构成。安装到熨平板上时必须加隔热垫板。安装后必须保证每一节振动器的振动轴能够转动灵活自如，不得有阻滞感。

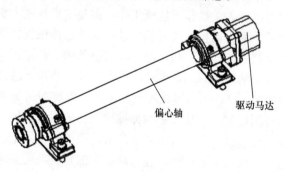

偏心轴　　驱动马达

图7-20　摊铺机振动器

振动器的轴承与夯锤系统的轴承一样，每一个振动轴两端至少有一端必须使用调心轴承。联轴器也必须选用具备容让不同轴连接的能力，为了保证每一个联轴器的两端至少有一个调心轴承，在振动器安装时必须严格遵守一个规定，即要求每一个振动轴的调心轴承一端必须安装在熨平板的外侧，这样就可以消除振动轴连接不同轴度带来的问题。振动器连接时的相位关系与夯锤不同，要求每一个振动轴在连接时相位相同。

十一、熨平装置

熨平装置（俗称熨平板）如图7-21所示，是摊铺机的工作机构，负责完成混合料的初压实和熨平任务，以精确保证摊铺路面的平整度和密实度，满足道路的设计要求；同时熨平板上的前挡板与安装在主机上的螺旋挡板共同围成料槽，形成螺旋输料器的输料通道。

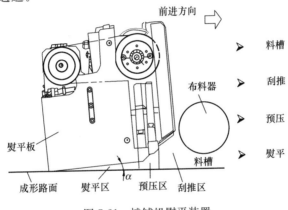

图 7-21 摊铺机熨平装置

熨平板按加宽方式的不同，可分为：机械加宽、液压伸缩加宽和机液混合加宽三种形式。这些不同形式的熨平板，在工作原理上是完全相同的，都是浮动式、高密实度熨平板，但结构上存在很大的差异。液压伸缩加宽熨平装置的结构基本上是在机液混合加宽熨平装置的基础上除去机械加宽部分，这里不另作介绍。熨平板在工作过程中处于浮动状态，熨平板的仰角使它的前沿和后沿有一个高度差，当在混合料的表面滑行时，在自重作用下，利用高度逐渐将混合料压缩。通过熨平板本身重量对摊铺机混合料进行压缩；影响熨平板升降的原因：熨平板仰角；混合料均匀性；行走速度。

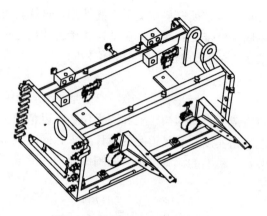

图 7-22 摊铺机熨平装置的箱体

作为熨平板的结构主体，熨平板的箱体的设计、制造过程中的质量控制直接影响摊铺机最终工作的质量，作为熨平板各个运动工作机构的安装平台，熨平板的制造质量以及使用时的可靠性会对各个机构的工作性能产生根本性的制约。因此熨平板的箱体制造质量保障体系是摊铺机制造的核心部分。

第八章　沥青混凝土摊铺机操作规程与道路作业

第一节　摊铺机操作规程

一、作业前的准备

（一）发动机部分，按通用操作规程的有关规定执行

1. 启动前的检查

（1）燃油、冷却水（不得低于上水室）是否充足，各油管、水管、气管接头是否紧固。

（2）发动机曲轴箱、高压油泵和空压机的机油是否足够，质量是否符合要求。

（3）发动机风扇皮带张紧度是否正常（拇指以 30～50N 的力下压皮带中间，下沉 15～20mm 为合适，不当时通过改变发电机支架来调整）。

（4）蓄电池电解液液面高度是否符合规定（液面应高出极板 10～15mm，过少加蒸馏水），桩柱是否牢固。

（5）液压油箱油液是否足够。

（6）变速箱、后桥和平衡箱等是否漏油。

（7）车轮固定情况和轮胎气压是否正常。

（8）各部固定连接是否可靠。重点是排气管、前后桥、传动轴、行驶系统、工作装置及液压操纵系统的管路和附件等。

（9）各操纵杆连接可靠，扳动是否灵活，并在规定位置（将变速杆和高低速杆置于空挡位置，拉紧手制动操纵杆）。

2. 启动发动机

（1）接通电源总开关，打开启动钥匙。

（2）踏下离合器踏板。

（3）将油门踏板踏到中速位置。

（4）按下启动按钮，使发动机启动；发动机启动后应立即松开按钮，如一次不能启动时，可停 30s 后再进行第二次启动，但每次启动时间都不得超过 10s；如连续 3 次仍不能启动时应停止启动，仔细查找出原因、排除故障后，方可再启动。

（5）发动机启动后，放松离合器踏板，中速运转 3～5min，待机油温度≥45℃、机油压力≥0.2MPa、水温≥55℃和制动气压≥0.3MPa 时，方能行驶或负荷运转；发动机预温时，其转速的增加应缓慢均匀，除特殊情况，不得突然增加转速。

3. 发动机的熄火

（1）将油门踏板逐渐降至怠速位置，怠速运转 3～5min；

（2）利用手油门或熄火拉钮断油熄火；

（3）逆时针转回启动钥匙并取下，切断电源总开关。

（二）摊铺机部分，按专用操作规程执行

1. 做好行驶前的一切准备工作：释放停车制动器；检查各仪表、灯光显示、操作是否正常；检查行车制动、转向系统是否有效、可靠等。

2. 了解有关施工技术和质量要求，并根据要求安装、调整摊铺机的工作装置。

3. 摊铺机上的所有安全防护设施必须配备齐全。熨平板接长后，应有相应的安全防护措施。脚踏板宽度需与摊铺宽度相等。

4. 驾驶台和熨平板的脚踏板应保持整洁，无油污及拌和料，不得堆放杂物、工具。

5. 驾驶台和作业现场要视野开阔，应清除有碍工作的一切设施。

6. 将各操纵杆、主传动开关置于中间位置，液压系统各调节阀门调到零位，各电器开关处于断开位置，液压传动系统处于不供油状态。

7. 履带松紧适度或轮胎气压应正常，且左右均匀。

8. 熨平板、振捣器应安装正确，加热器应工作良好。

9. 自动找平装置应安装正确，纵向、横向控制器应工作正常。

10. 启动发动机，发动机应工作均衡、运转平稳、动力性能良好、调速器动作准确。

11. 离合器、传动链条、三角皮带等调整应适当。

12. 刮板送料器、料斗闸门、螺旋摊铺器应处于良好工作状态。

13. 传动系统应工作正常，无冲击、振动、异响等异常现象。

14. 电气系统应工作正常。

15. 操纵系统应灵活可靠。

二、作业与行驶的要求

1. 按照作业要求，合理选择摊铺机工作速度、螺旋摊铺器转速、料斗闸门开度等参数。

2. 机械传动的沥青混合料摊铺机，换挡必须在摊铺机完全停止时进行，严禁强力挂挡。

3. 摊铺机接受运料车卸料时，应使摊铺机推滚贴紧运料车轮胎，顶推自卸车前进卸料，两者协调动作，同步行进。防止运料车冲撞摊铺机。

4. 作业时严格控制各机构协调工作，并进行必要的修正。作业速度一经选定，要保持稳定，并尽可能减少停车启动次数，以保持摊铺机连续均衡作业。

5. 严禁驾驶员在摊铺机工作时离开驾驶台，无关人员不得在作业中上、下摊铺机或在驾驶台上停留。

6. 轮式摊铺机的差速装置，应在地面附着力不足时使用，结合或断开差速装置时须停机。在结合差速装置时，只允许直行，不得转向。

7. 转移行驶时，禁止在坡道上换挡或以空挡滑行。

8. 熨平板的预热和保温。

（1）作业前 20～40min，应对熨平板进行预热，使其接近混合料的温度。

（2）因故暂停作业时，需使用预热系统进行保温，防止熨平板冷却。

（3）用电预热时，应先启动发动机并调到额定转速，然后接通预热开关进行预热。

（4）用燃烧轻油或燃气进行预热熨平板时，应注意控制热量，防止局部过热而使熨平板变形。加热时，应采用间歇燃烧多次加热操作法，使其靠自身热传导均匀预热。有热风循环系统的，可采用点火燃烧和熄火热风循环交替进行加热。无论采用何种方式，每次点燃时间均不得大于 10min。

（5）使用压缩空气力喷射燃油的燃烧系统，其压力必须达到规定值。必须在燃烧器点燃之后，才允许启动鼓风机，并调节风门，使之完全燃烧。

（6）对没有多点燃烧加热装置的，应逐个分别点燃。

（7）预热时，要加强对燃烧情况的观察，若火焰熄灭，应立即关闭燃油或燃气开关，找出原因，排除故障，并清除溢出的燃油或待燃气排尽后方可重新点燃。

（8）严禁在加热过程中，熨平板处于无人看管状态和向摊铺机各部喷油清洗。

9. 自动找平装置的使用

（1）在已压实的底基层上摊铺时，其不平度应不大于 5mm。不平度波长小于所选用拖梁长度时，可采用拖式浮动梁作基准。

（2）用摊铺层邻近的车道、路缘石、边沟和新摊铺层等构筑物作基准时，传感器必须使用滑橇作跟踪件，采用拖式平均梁时，不允许用未经压实的摊铺层作基准。

（3）当自动找平装置控制系统使用纵坡控制装置和横坡控制装置联合工作时，在摊铺层的一侧（一般在左侧）设张紧线作基准。如一次摊铺宽度大于 6m，则应采用双侧高度控制装置工作。

（4）停止作业时，应先断开找平系统开关，使调平油缸处于静止位置。

（5）自动找平装置各元件，应小心使用，需防止被碰撞和雨水、尘土的损害。

10. 振捣器频率应由低渐高，逐步增加，摊铺面层时，每前进 5mm，捣固次数应不小于 1 次，并应随时检测摊铺层的密实度。

11. 在弯道区段作业时，要及时操纵找平装置，控制摊铺层的厚度增量。

（1）使用纵坡传感器和横坡传感器配合的自动找平系统工作时，要设专人掌握横坡给定器，连续而平稳地转动横坡给定器上的调节旋钮。

（2）操作人员应注意纵向走向，操作力求平稳，避免急剧转向（履带式摊铺机更应注意）。

（3）弯道作业时，熨平装置的端头与路缘石的间距不得小于10cm，以免转向时发生碰撞。

12. 摊铺机的坡道作业

（1）在正常纵坡上作业时，应由低处向高处摊铺。如必须下坡作业时，要与汽车驾驶人员紧密配合，力求速度稳定。

（2）在大坡道上作业时，要减少料斗中的混合料量，按额定摊铺能力的 60％进行作业，同时控制行驶速度和转向半径。

（3）在横坡道上摊铺时，由于混合料自动流向下坡一侧，应将下坡侧熨平板接长。为防止混合料自动流向下坡一侧，可在左右两侧使用相同方向的螺旋叶片。

（4）摊铺机在较大的坡道（纵横坡度为 15％～20％）上工作时，为防止摊铺机倾翻，必要时可使用一台重型拖拉机或推土机用钢丝绳与摊铺机连接，在坡顶与摊铺机平行等速行驶。

13. 作业中的检查与调整

（1）在摊铺过程中，要经常对摊铺机的行驶速度、供料能力、闸门开度、螺旋摊铺器的匹配情况进行检查。

（2）检查摊铺层的平整度、厚度是否符合设计要求。

14. 严禁在已铺好的路面上试验熨平板和振动梁的振动性能。

15. 履带式摊铺机不得长途行驶，其行驶距离不应超过1km。特殊需要做长距离行驶时，行走装置应注意加油。

16. 行驶时，熨平板应恢复标准宽度，并升起用挂勾挂牢。

17. 摊铺机用其他车辆牵引时，只允许用刚性拖杆，不得使用钢丝绳。其变速手柄应置于空挡，并解除自动装置的工作。

18. 禁止用摊铺机牵引其他机械。

三、作业后的要求

1. 对摊铺机各工作装置、运行机构进行清洁工作，清除残留沥青，使之运转自如，转动灵活。

2. 擦拭液压伸缩熨平板的导向柱表面和油缸活塞杆表面。

3. 清洁并检查高度传感器支座各部元件，并对转动零件加注机油润滑。

4. 清洁工作应在作业场地以外进行。用柴油清洗时禁止明火接近。

5. 驾驶员在离开驾驶台前，要将摊铺机停稳，驻车制动必须可靠，料斗两侧壁完全放下，熨平板放在地面或用挂钩挂牢。

6. 摊铺机停放在交通车道附近时，必须在周围设置明显的安全标志，夜间设灯光信号并设专人守护。

7. 按保修规程的规定，进行维保作业。

第二节 摊铺机在道路工程施工中的应用

摊铺机是一种自行式、高效率、高自动化的公路路面施工和养护设备。主要适用于对公路路面进行乳化沥青稀浆封层。可修补路面老化、磨损等缺陷，显著提高路面防水、耐磨等性能，改善路况，提高路面质量。本节将结合工程施工实践简述摊铺机在道路工程施工中的应用。

一、合理选用摊铺机型号

摊铺机的选型必须紧密地结合道路施工的具体情况和需求，要遵循充分满足道路质量和合理成本等要求。

1. 正确的择机理念

低速高密度型式的摊铺机具有可提高摊铺平整度，减少材料浪费和减少压实遍数等优势。而且，我国目前施工机械配套能力比较低。采用低速高密度摊铺机，要比快速摊铺机更合理，在有效地保证质量的同时，还能适当降低成本。因此，目前我国施工中摊铺机产品主要为低速高密度型式的摊铺机。

2. 履带式与轮胎式的选择

在公路施工中，多是大规模连续摊铺作业，很少转移工地。履带式摊铺机的履带接地面积大，摊铺作业过程中附着牵引力性能良好，不易打滑，还可以提高摊铺平整度、平稳性。所以选用履带式摊铺机较为适宜，如果是转移过多的城市道路施工，则选用轮胎式更合适。

3. 摊铺宽度的选择

采用多台摊铺机阶梯作业方式，可有效避免材料浪费，而纵向接缝质量是能够控制的成熟技术，不会影响路面摊铺质量。而不依据具体工况的需求，过分地强调和选用摊铺宽度超过 12 米的大型摊铺机，片面地摊广全幅路面无纵向接缝的摊铺方式，会带来严重的质量问题。

二、沥青摊铺机操作与施工技术

在工程实践中，铺长沥青路面时摊铺机的操作与施工技术对质量控制会起到很重要的作用。摊铺机的组装与调整要注意熨平板宽度的选定、螺旋布料器的组装与调整、摊铺厚度和摊铺速度的确定这几方面。

1. 熨平板宽度的选定原则。摊铺宽度应在所使用摊铺机技术性能允许范围内选择。应在尽量减少纵向接缝和保证摊铺质量的前提下，尽可能地增大摊铺宽度。纵缝尽量设在靠近路肩部位，以保证主线的平整度。

2. 摊铺厚度的确定。摊铺层的最小厚度应大于摊铺材料最大骨料粒径的两倍。如果铺层厚度小于骨料粒径，将会约束熨平板的浮动。而且可能拖地运行，造成熨平板的两翼严重后拉，使熨平板中间连接螺栓弯曲、断裂或熨平板撑杠，拉杠螺栓变形，无法调整。

3. 螺旋布料器的组装与调整。螺旋布料器的总长度应为摊铺宽度的百分之九十，可使混合料在整个宽度均匀分布；为防止混合料离析，可在螺旋合适部位安装反向叶片；为防止局部供料不足或不均匀，可在缺料部位去掉适当数量的叶片；调整螺旋布料器高度可以使熨平板前的材料量适合于摊铺层的厚度；螺旋布料器的转速应与刮板输送器的转速相匹配，达到持续稳定地供料，料位应以螺旋叶片高度的 2/3～3/4 处为宜。

4. 摊铺速度的调整。选择摊铺机工作速度时，应考虑沥青混合料的供应能力，即相应的拌和设备的生产能力，自卸车的吨位、数量、运距、摊铺的宽度和厚度等因素，使摊铺机在某种速度下连续作业，以保证铺筑出密实度均匀，高平整度的路面。

三、摊铺机在碾压混凝土路面施工中的应用

随着高等级公路的迅速发展及施工技术要求的不断提高，所需要的高密实度摊铺机、振动压路机等大型设备越来越多，从而为我国高等级公路碾压混凝土路面施工中采用高密实度摊铺机创造了条件，形成了高等级公路碾压混凝土路面施工技术。

1. 为了保证路面平整度，摊铺设备应满足以下要求。保证较好的摊铺平整度。摊铺是碾压混凝土路面施工的关键工序，是碾压等后续工序的基础，只有摊铺出平整的表面，才可能得到压实后平整的路面，因此，要求摊铺机必须具备工作性能良好的均衡供料系统和自动找平系统。采用带强力熨平板的机型，对于保证成型后的路面平整度达到 3mm 的要求是必要的。

保证足够的预压密实度。超干硬的碾压混凝土材料沥青摊铺机摊铺后，必须经过大型振动压路机的碾压才能密实成型，如果摊铺后的混凝土过于松散，则在压路机的碾压下势必会产生推挤，从而破坏路面的平整度；另外，由于压实的作用，摊铺后的表面将有一定的沉降，基层的不平整将反映到表面来，当基层的平整度一定时，摊铺的密实度越高，压实沉降量越小，对摊铺平整度的破坏越小，压实后的平整度越高。带有强力熨平板的沥青路面摊铺机应用于高等级公路碾压混凝土路面施工是完全可以的。

2. 提高相应的施工技术。要铺筑符合高等级要求的碾压混凝土路面，必须有一套相应的施工技术。我国对碾压混凝土路面施工技术的研究很全面，已基本形成了成套的施工实用技术。

碾压混凝土路面最大的难题是难以达到足够的路面平整度，也是多年来制约碾压混凝土路面发展的主要障碍。对路面平整度的影响因素进行深入、全面地分析和大量的试验研究，是保证碾压混凝土路面平整度的关键：①对造成稠度波动的原因进行分析研究，对包括料场管理、拌和机选择、材料计量、外加剂选择等方面的工作、保证稠度稳定性。②通过"拌和——运输——摊铺"系统，选择适宜的摊铺速率等保证摊铺作业的连续性，提高摊铺均匀性，减少摊铺过程中的离析现象及影响摊铺预压密实度均匀性的因素。③通过对碾压混凝土路面成型机理和摊铺机性能的试验和分析，应选用保证摊铺后预压密实度85%以上的摊铺机。

3. 解决碾压混凝土路面抗滑的关键技术。采用缓凝裸露法和硬性刻槽法可使竣工时路面构造深度达到规定。碾压混凝土路面的抗滑处理原则：对高等级公路，应采用缓凝裸露法或硬性刻槽法进行表面处理，以形成要求的路表宏观构造。当粗集料抗磨光能力达不到现行规范要求时，需做抗滑表层（一次摊铺碾压成型）。对于其他等级的公路，可不作任何处理，依靠通车后行车的作用逐渐形成宏观构造，必要时可采取限速研磨措施，加速裸露进程。采用上述方法基本可以解决碾压混凝土路面的抗滑问题。

第九章 沥青混凝土摊铺机的检查、保养与常见故障排除

第一节 日常检查

一、日常清洁

为使摊铺机长期有效地工作，提高工作效率，延长使用寿命，工作后必须每天清洁平地机：

1. 清除机体上部和工作装置上的砂石、泥土、残渣等；

2. 清除轮胎上的砂石土；

3. 清除前桥架、转向节等关键部位上的砂砾石、泥土；

4. 清除平衡箱、覆盖件等上的砂土石、灰尘等；

5. 清洁空滤器。

二、渗漏油排查

1. 检查并排除泵、马达、多路阀、阀体、胶管、法兰等各接头处是否有渗漏；

2. 检查并排除发动机机油、平衡箱与涡轮箱润滑油是否有渗漏；

3. 检查并排除空调管路否有渗漏；

4. 检查发动机的油、气、水管路是否渗漏。

三、电气线路检查

1. 经常检查线束对接的接插件是否有水、油，应经常保持干净；

2. 检查灯、传感器、喇叭、刹车压力开关等处的接插件及螺母是否紧固可靠；

3. 检查线束是否有短路、开断、破损等情况，应保持线束

完好无损；

4. 检查电控柜内接线是否有松动，应保持接线牢靠。

四、油位、水位检查

1. 检查整机润滑油、燃油及液压油油量并按规定加入新油至规定的油标指示刻度；

2. 检查组合散热器的水位并按规定加入到使用要求。

第二节　保养与维护

为了能使摊铺机更好地发挥其优越的性能，必须对其进行保养和维护。精心保养不仅可以改善摊铺机的外观状况，还能延长摊铺机使用寿命和提高摊铺机的工作可靠性。在对摊铺机使用保养前，要对所有摊铺机的操作、保养和维修人员进行培训，培训合格方可上岗。并且都要穿戴安全防护衣物，熟读并掌握操作使用说明书，熟练掌握摊铺机全部的操作和机械保养点。严格遵守使用说明书规定的维修保养和检修周期。保养的各类油料和冷却液的标准要符合厂家规定，而且必须是正品，最好第一次保养都用同一品牌同一型号的油料和冷却液等。

一、沥青摊铺机磨合期保养

磨合期是新机械在使用过程中最重要的一个环节，它直接影响到机械的使用寿命。若磨合期保养不当会加速各零部件的异常磨损，严重会造成各零部件损坏或报废。磨合期必须严格按照使用说明书进行使用和保养，若新机械有异常情况要第一时间通知厂家，在厂家的专业技术专家指导下进行强制保养或维护，并要进行记录。

二、沥青摊铺机日常保养

进行日常保养是提高摊铺机使用寿命和使用效率的重要条件。日常工作保养要参照使用说明书所规定的要求来进行，有特殊需要的应进行维修更换。主要有以下要点：

1. 检查油路和润滑系统。看机油、燃油、冷却液和液压油量是否足够，品质是否符合要求，各零部件有无渗漏，如有需要应及时补充或更换。检查中央润滑脂泵是否工作，润滑脂是否充足以及其管道是否畅通。（无中央润滑脂泵机型必须每一个工作日要给整机润滑脂点加注润滑脂 3 次 10 小时内，分作业前、中、后来加注；如工作时间超出 10 小时要 4～5 次，在作业中加多 1～2 次。）

2. 检查摊铺机的连接紧固情况。包括连接是否牢固、完好，特别要保证左右履带梁、熨平板、分料装置，以及刮板输送装置的紧固。查看传动皮带和链条的张紧度以及其磨损情况。

3. 经常清洁摊铺机，检查电、气和加热系统。要及时清除摊铺机表面的沥青、粘砂等，清除发动机、液压元件和其他部件表面上的旧油、尘土碎屑、污垢等；检查并清洗空气滤清器；检查各种易损件和易老化件，需要时及时给予调整或更换；各电气系统、保险丝、线路及各电器的接头是否完好，是否松动；每次作业前都让各工作装置空载运转，检查各工作装置是否正常运转；同时检查加热系统的喷头、连接管、气罐和各开关是否正常。

三、沥青摊铺机的定期保养

摊铺机的定期保养的期限一定要严格按照维修保养手册所规定的时间进行保养，有需要可以提前进行保养，但是决不允许延长保养期限，保养期限是根据摊铺机在设计在满足各零部件正常运转的要求下来划定的期限。按时保养有利于摊铺机的正常运转，减少摊铺机故障的发生，降低摊铺机的使用成本，延长摊铺机的使用寿命。

1. 检查电池液液位，如需要可补充些蒸馏水，电瓶应保持清洁和干燥。

2. 检查机油、燃油、冷却液和液压油量是否足够；检测液压油品质是否符合要求，否则会磨损液压系统的元器件；如有需要应及时补充或更换。

3. 清洗或更换各种滤清器滤芯。

四、沥青摊铺机作业时保养

摊铺机作业过程中主要是监控各动态数据和连续作业中的润

滑情况。比如发动机的转速应符合厂家规定的要求（2300r/min），摊铺机不得满负荷工作，最好控制在80％的负荷（磨合期结束后才满负荷工作）。不时查看控制台的各种仪表和电脑显示的数据和提示是否有异常现象。

第三节　摊铺机常见故障与排除

一、液压系统常见故障及排除表

液压系统常见故障及排除方法表

故障现象	原因分析	故障排除
无液压油输出、开启系统不工作	齿轮泵不工作	检查是否缺液压油，检查齿轮泵完好
	缺液压油	添加液压油
	滤清器或管路堵塞	检查滤清器及管路
输出达不到额定值	液压泵、马达损坏	检查液压泵及液压马达
	系统有泄漏	检查系统排除泄漏
系统温度过高	滤清器脏、油液脏	检查液压油及滤清器、更换
	管路变形，堵塞	检查、修复
	溢流阀失效、损坏	检查，更换
马达、液压泵噪声大	油量不足	检查，添加
	管路松动、交接	检查，紧固管路，分开隔离管路
	泵、马达支架松动	检查，紧固螺栓
	元器件损坏	检查，更换

二、电气系统常见故障及排除表

电气系统常见故障及排除方法表

故障现象	原因分析	故障排除方法
发动机不启动	熄火电磁阀无法吸合	更换熄火电磁阀或加外力使之吸合
	启动马达不动作	检查电源总开关是否闭合
		检查行走手柄是否在中间位

故障现象	原因分析	故障排除方法
发动机不启动	启动马达不动作	检查作业选择开关是否在中位"免"
		检查电缆线和保险丝 FU2-1、FU2-2 或更换
		检查启动继电器是否动作
摊铺机启动后不能行驶工作	PLC2038 控制器故障	检查保险丝、检查显示器显示是否正常，有无错误信息
		检查控制器是否通电，紧急停机开关处于"ON"状态
	制动阀没有打开	检查调速手柄是否到位
		检查制动阀是否通电，阀芯是否卡死
	行走电位计未输出	检查接线，检查电位计是否在 0.5～4.5V 区间变化
	行走泵阀芯卡死	在制动泵打开的情况下，用行走泵上的手动开关把阀芯冲一下
		注：必要时更换有缺陷的电缆或更换电位计和传感器
摊铺机直线行走性能差	速度传感器故障	检查显示器上行走马达有无转速显示，检查电缆插头松动
		检查计数齿轮是否正常，传感器与计数齿轮间隙为 0.5～0.8mm
		检查速度传感器上电源电压为 24V
	转向电位计标定不正确	检查电缆头是否松动
		检查电位计 RT1 电压是否在 0.5～4.5V 区间变化
		校定电位计左右最大和中间位置电压，调节电位计精度
	发动机转速太低	加大油门使之转速达到 $n > 2000$r/min，检查正常电压
	控制器故障	观察显示器控制器输出电流是否稳定
		新设备运行一个月后出现这种情况时，需要对设备间隙重新标定

故障现象	原因分析	故障排除方法
转向系统不起作用	转向电位计未输出	检查电缆接线端电压
		检查左转、右转电位计变化
		排除电路故障和更换电位计
摊铺机不能原地转向	操作步骤有误	首先把行驶开关拨到摊铺档位
		打开原地转向开关
		转动转向电位计角度
集中润滑不动作	集中润滑不通电和润滑不当	检查 FU2-3 保险丝，排除接线缺陷
		检查电器柜内 139 号线及润滑泵上褐色线电压
		润滑时间设置太短
		润滑时间设置太长
		储油罐中油脂太多或太稠
左、右螺旋不动作	操作方法不当或元器件故障	选择自动方式时，操作台面板和熨平板操作盒上开关要在"自动"位置
		选择手动时，两个开关要在"手动"位置
		检查保险丝 FU2-10、FU2-11、FU2-12 和继电器 K7、K8，检查接线头和插头
		调整料位仪有效距离 20～90cm，最佳距离 50cm 左右
左、右刮板不动作	操作方法不当或元器件故障	操作台面板上刮板开关和熨平板操作盒上刮板开关不能交叉动作，一处动作另一处须拨到"停"位置
		检查保险丝 FU2-10、FU2-11、FU2-12 和继电器 K5、K6，检查接线头和插头
		调整料位仪有效距离 20～90cm，最佳距离 50cm 左右